仕事の鬼100則

福山敦士
Atsushi Fukuyama

明日香出版社

まえがき

全力ではなく脱力！

仕事のコツは、力を抜くことである。


本書を手にとってくれたあなたに、最初に贈りたい仕事のコツである。

「今の自分に満足できない」

そんなあなたに今必要なのはきっと脱力である。

『仕事の鬼１００則』と題した本書、かなりストイックな内容を期待した方には申し訳ない。

しかし、事実、一流のビジネスパーソンたちは、脱力が上手い。適度な緊張感は必要だが、余計な力が入っていない。

これは面白いことに、一流のアスリートにも共通している点だ。「ここぞ」という時以外は、自然体で脱力を心がけている。

というのも、いつも力が入っていると、肝心なところで力が抜けてしまう恐れがある。

「準備一生、勝負一瞬」という言葉にある通り、勝負は一瞬でしかない。その**一瞬に臨戦態勢をとり、高いパフォーマンスを発揮できるようにするのが、仕事のコツ**なのである。

それが全てと言ってもいいだろう。


「コツ」の語源は「骨（コツ）」である。

つまり、**身のこなし方にこそ、技の本質が潜んでいる**のだ。考え方や心の持ち方はもちろん大事だが、頭と心だけでは仕事は前に進まない。頑張っても身体がついていけないと元も子もない。フィジカル的な要素も重要なのだ。

私がこの真理を知ったのは、とある一冊の本との出会いだった。


「将来は社長になってお金持ちになる」

「社会人になったら爆発的に稼ぎ、家族に早く恩返ししよう」

そのために必要なことを本気で絞り出し、したたかに準備をして、新卒入社直後は鼻息荒く仕事に打ち込むことにした。

しかし、私を待っていたのは、失敗だらけの日々だったのだ。

同期入社の仲間は、私の頑張りを尻目に次々出世していった。私は一向に成果を出せないまま3年目を迎え、気がつくと私の上司は年下の後輩になっていた。

もうその頃には、コンプレックスと屈辱に苛《さいな》まされ、正直、追い込まれていた。

頑張っても結果が出ない。頑張り方が正しいのかもわからない。同じ失敗を繰り返し、上司から怒鳴られ続け、お客様からもクレームの電話とメールの嵐。誰も助けてはくれなかった。先も見えず、私の辞書に「やりがい」という文字もなくなっていた。


そんな精神状態であったにも関わらず、いつもタスクが終わらなかった。オフィスで寝泊りを繰り返した結果、頭が痛くなり、咳が止まらなくなり、体調不良となったが、そんなことを言い出せる気力もなかった。

結果的に、疲れ果てて入院する破目になるが、仕事から解放されたことに少しほっとしたことを覚えている。

そして、私はベッドの上で、人生を変える運命的な出会いに恵まれた。

それは、品川駅のブックエキスプレスで買った本に出会えたことである。その本に書かれていた一文が自分の人生を大きく変えた。

「営業マンの仕事とは、お客様の元に足を運ぶことである」

この言葉に出会った瞬間、自然と力が抜けた。初めて脱力できた瞬間だった。商品を売り、売上をつくることが営業の仕事だと思い込んでいたから、なおさらである。

結果が出ていなかったたし、自分を変えるしかなかった。売上を一旦忘れて、とにかくお客様の元に足を運んでみた。来る日も来る日もお客様と会う約束をとり続け、気づいたら月100件以上のアポイントが普通になっていた。

すると、面白いほど結果がついてきたのである。翌年、25歳でサイバーエージェントのグループ会社の取締役に抜擢され、独立後はEXITを3回繰り返し、上場企業の取締役に抜擢された。

たった1年で、一気に人生観が変わったのだ。

それまでつまらなかった仕事が、大好きになった。仕事の種類や環境は変わっていないのに、仕事ってこんなにも面白いのかと、毎日驚きの連続だった。

仕事をすればするほど、お客さんに褒められて、いろんな方をご紹介いただけて、社内でもメンバーから感謝され、講演や出版の依頼をいただき、その度に感謝された。そこまで頑張っているつもりはないのに、結果がついてくるようになっていたのである。

さて、私が成果を出すまでの話をしたが、どのように感じただろうか。

一流の経営者たちも口を揃えて言うし、私自身の経験の中でも確信していて、あなたに伝えたいことがある。結果を出す方法は、諦めずチャレンジを続けることしかないということだ。

もし、入院が決まった段階で結果を出すことを諦めていたら、人生を変える本には出会えなかった。精神的に辛い日々も逃げなくてよかったと、つくづく思う。

とはいえ、いつまで粘り続ければいいかわからない道は、不安だろう。皆が同じ苦労をする必要はない。少なくとも私が見てきた失敗パターンは、後世に伝えて悪いことはない。

あなたがより高貴な課題に取り組めるように、仕事術の地図を書いておきたい。そんな思いで筆をとった。

私が30年かけて発見した知見を、あなたには1日でマスターしていただきたい。容赦なく人生をショートカットして活躍してほしい、常々そう考えている。私自身、前述の通り、書籍を通じて先人たちの恩恵を受けてきた。次は私の番だと理解している。

もちろん、置かれている立場や状況、目指す目標や課題、業種業界が違う中で、全てのビジネスパーソンに共通する仕事術を示すのは、至難の業だ。

本書を通じて、私があなたにお願いしたいのは、**自分を突き動かす一文を見つけてほしい**ということだ。これが私の唯一の願いである。

本書に書かれた文字数は10万字、本書の企画から完成までに要した期間は6カ月。この本の中に著者の私と出版社の編集者の思いがぎっしりと詰まっている。

全てを読まなくてもいい、どの項目から読んでも大丈夫。内容を完全に理解しなくても大丈夫。とにかく、**自分の人生をいい方向に変える、一文を見つけていただきたい。**人生を変えるためには「きっかけ」が必要だ。本書がそのお役に立てれば嬉しい。

本書で私が述べたことは、ビジネスの基本中の基本、基盤となりうるものだ。各界の成功者、超一流人はみな基本を忠実に実行している。

たとえば、米大リーグで活躍する超一流のプレーヤーは、日本人選手よりも基礎練習の反復を忠実に行なっている。守破離でいうところの「守」だ。圧倒的な成果は、突飛なメソッドからではなく、基礎を貫いた先に得られるのだ。

本書は、あなたのビジネスパーソンとしての人生を成功させるヒント集だ。たった一つだけでも大丈夫。信じてやってみてほしい。実行こそが答えを出す唯一の方法だから。昨日の悩みをそのままにしていてはダメだ。

今日をきっかけに、あなたの行動で人生を大きく変えていこう。

福山 敦士

第1章 Mindset ～鬼心構え～

第2章 Speed-up ～鬼高速化～

第3章 Communication ～鬼伝達～

第4章 Healthcare
～鬼体調管理～

第5章 Time hack ～鬼時間術～

第6章 Self-improvement ～鬼自己研鑽～

カバーデザイン：西垂水敦・市川さつき（krran）

第 *1* 章

Mindset
～ 鬼心構え ～

運命は志のあるものを導き、
志のなきものを引きずっていく。

セネカ

楽観的に構想し、悲観的に計画し、
楽観的に実行することが物事を成就させ、
思いを現実に変える。

稲盛和夫

心配とは、行動の不足から起こるものである。

野村克也

鬼100則 01

期待を知れ 丁寧に満たせ 大胆に超えろ

「期待を知れ 丁寧に満たせ 大胆に超えろ」という言葉を知っているだろうか？

実はこれ、サイバーエージェント時代の上司に教えてもらった言葉である。知らなくても当然だ。とにかくこの順番がとても重要だということは、覚えておこう。

なぜ、上司やお客さまからの期待を「超える」ことではなく、「知る」ことからなのか。

それは、**仕事の内容や本質的な部分をはじめに知ることで、ムダな努力を防げる**からだ。

ではここで、私がこの言葉の大事さを痛感した当時の事例を紹介しよう。

当時、商品に自信があった私は、お客さまが困っていることやニーズなどを聞かず、教えてやると言わんばかりの〝ドヤ顔〟で自社商品を提案していった。

しかし、どうしてもある取引先の商談がまとまらなかった。

そのとき私は、上司から冒頭の言葉を教えてもらう。まず、その取引先に1カ月の間、毎週通い続け、こちらに何を期待するのか、ヒアリングを試みた。

すると、こちらに何を期待するか、本質的な部分が見えてきたのである。ヒアリングのおかげで、今の商品では対応できないとわかり、そのお客さま向けに商品をつくり直すことで商談がまとまり、その結果、成果につながった。

もちろん、仕事は「クオリティ」と「期日」が重要だが、**「クオリティ」には自分軸と相手軸があることを忘れてはならない。**自分軸ではＯＫだったとしても、相手軸で相手が「納品物」と認めないと、また「やり直し」となりかねない。

そのため、**事前確認したほうがいい。不安であれば2割、5割、8割進んだ各段階で相手に確認する**ことをお勧めする。

たとえば、「提案資料」をつくる場合であれば、こんな感じだ。

◎「目次」ができた2割の段階
◎「体裁・ボリューム」が見えてきた5割の段階
◎「ほぼ完成」の8割の段階

何よりまず、相手が求めるクオリティを知り、方向性を確認しているので、一からやり直しなどという時間とエネルギーのロスを防ぐことができる。しかも、不安になることもないため、相手の要望をしっかりと満たし、相手の期待を超えることができるのである。

鬼100則 02

社会人1年目でも実績はつくれる

すごいことをやっているのに、自信を持てない人がいる。仕事の実績の話を振っても、こういう人は自分のすごさを具体的かつ客観的に表現できていないことが多い。

そこで、「今まで何人の顧客を見てきたか」「どんな結果が出てきたか」を一つずつ整理していくと、ようやく自分のすごさに気づく。累計で５０００人も相手をしていたとか、新規開拓したお客さまが何百社とか、動かした金額で言うと合計で数億円相当とか、数字にしてみると、とたんに客観性が出てきて実績が明確になる。

何か頑張ってきたという人ほど、とにかく数値化して、優れている数字に誇りを持ってほしい。数値化は自信をつけるコツの一つである。そのとき、人と比べる必要はない。

たとえば、主婦の方は気づかないうちに、３０００日間連続で料理をつくり続けていたりする。数字にするととんでもないが、世の中のお母さんたちは当たり前のことだと感じているだろう。だが、一つのことに1万時間費やせば、その道のプロになれるという説が提唱されているとおり、容易にできることではない。

私の場合、「野球で日本一を目指す」ということを16年間ずっと本気でやってきた。社会人１年目でも迷わず「日本一を狙う」というスタンスでいられたし、「日本一を志す姿勢は16年目です」とも言ってきた。

こんなふうに、学生時代の経験や過去の経験でさえ「キャリア化」することができる。要は、**考え方次第で実績はつくれるし、そこから自信の芽が出てくるもの**だ。

一方、月に何件アポをとっているかを把握していない営業マンを多く見かける。それどころか、売上をいくらつくったかさえ、把握していない人もいる。

正直言って、もったいない。今までやってきたことを棚卸しし、数値化をしてみよう。

また、新規事業をつくるとき、すごくいいサービスだけど実績がないことを理由に断られるケースがよくある。そんなときは「過去10年で累計〇百人の悩みと向きあい、解決してきました。今回〇〇の領域に絞り、サービス化しました」と伝えてみよう。前にやっていた違うサービスの実績もすべてそろえてプレゼンしてもいい。自分自身の経験という根拠がある限り、そこに実績は存在する。

どれを実績ととらえるか、考え方を変えるのだ。

鬼100則 03

最悪な未来から全力で逃げよ

「なりたい自分」は「なりたくない自分」から考えること。

自分の未来、なりたい姿を考えようとすると、手が止まってしまう人がいる。よく考えてみたら、自分には「なりたい自分像」なんてなかった。そう気づいてがく然とする人もいる。

しかし、実際は未来を問われて、咄嗟に答えられない人のほうが多いのではないだろうか。気を落とす必要はない。

まずは「なりたくない自分像」から書き出してみよう。「こうはなりたくないな」「こういう人生はイヤだよね」から着想すると、どんどん出てくるはずだ。

人間の習性として、「得をしよう」と思うより、**ネガティブなことを避ける力のほうが強い。**

このことは、行動経済学（損失回避性）で明らかになっている。お金の話だと、儲けたいと思うより、お金を失いたくないという気持ちのほうが人間の感情は強くなるのだ。

そのため、**「なりたくない像」のほうが言葉になりやすい。**人間の言語思考はネガティブな感情のほうが得意だからである。どんどん言語化していけば、「自分が何を嫌だと思うのか」が具体的になり、自分が大切にしている価値観が可視化される。

「自分が信じられない商品を売るのは嫌だ」

「定時に帰れない仕事は嫌だ」

「年収1000万円以上を狙えない会社は嫌だ」

少し書いてみて、気づいた人もいるだろう。「なりたくない」は「なりたい」の裏返しなのだ。この**「なりたくない像」を裏返せば「なりたい自分像」が見えてくる。**

「自分が信じられる商品を売りたい」

「定時に帰れる仕事をしたい」

「年収1000万円以上を狙える会社にいたい」

そんな自分の思いが見えてくるはず。そこから「信念ってどんなもの?」「売上ってどのくらい?」「お客さまに喜んでもらうためには?」と自問自答を続ければ「なりたい自分像」が見えてくる。

鬼100則 04

人より早く失敗する「夏休みの宿題理論」

AさんとBさんに「将来の夢について」という夏休みの宿題が課されたとしよう。

Aさんは、宿題のことは忘れて、とにかく夏休みを思い切り満喫した。旅行、キャンプ、映画、そして買い物に行き、8月の4週目にようやく宿題に着手し、最後ギリギリで提出した。

Bさんは、7月20日にもらった宿題に対し、一度真剣に考えた。自分の将来の夢について紙に書き出してみたが、なかなか筆が進まない。

諦めて思い切り遊ぶことにした。Aさんと同じく旅行、キャンプ、映画、そして買い物に行き、8月の4週目に改めて宿題に着手し、最後ギリギリで提出した。

どちらのアウトプットのほうが質が高くなるだろうか。

この話をセミナーですると、大抵「Bさん」という回答が多くなる。

無論、答えはBさん。理由はAさんに比べて入ってくる情報量が多いからだ。

Bさんの特筆すべきところは、着手が早かったため、早く失敗ができたところにある。この場合、Bさんは明確な「将来の夢」など考えておらず、ゴールが抽象的すぎてぼんやりとしていた。

「積み上げ式ではいつまでたってもゴールにたどり着けない。ゴールから逆算しなさい」こう言われたことがある人は少なくないだろう。誰でも一度は耳にしたことがあるのではないかと思われる。

しかし、ゴールが見えない今の状況では、きっちり逆算することはできない。

そんなときは**着手を早めて、ゴールの位置の確認を念頭に置く**ことをお勧めする。

実際に手をつけてみると、いろいろなことが明確になり、ゴールまでの距離を正しく測ることも可能になる。逆に言えば、**やってみないとわからない**のである。

この理論を仕事に応用すると、作業のスピードアップを図るのではなく、**「着手を早めること」**が**大切**だということに気づくだろう。

着手時にすぐに完成しなくてもいい。完成は締め切りギリギリでもいい。

着手から完成までのプロセスを最大限活用するために、とにかく着手を早くしてみよう。すると、必然的に成功確率は高まるだろう。

鬼100則 05

調整ではなく挑戦

「甲子園ベスト8」。これは私にとって人生で3本の指に入るほどの挫折経験だ。

当時、高校2年生だった私は、甲子園出場が決まってから、背番号10番の二番手のピッチャーとして「調整する」ことに一生懸命だった。高校野球はトーナメント方式で、いつ、どんな場面で出番がくるかわからない。「調整」に余念がなかった。

しかし、3年生が引退したとき、私はベンチ入りメンバーから外れた。私の代わりにエースになったのは、中学時代から同じチームでプレーをしていた同級生だった。

彼とは、中学時代から実力の差を感じていた。スピード、コントロール、スタミナ。すべて私のほうが上回っていた、にもかかわらず、その彼がなぜエースになれたのか。

その理由は、私が必死に「調整」していたとき、**彼は自らの限界に「挑戦」していた**から。

彼はとにかくトレーニングに励んだ。新チームでエースとなり、並み居る神奈川県の強豪校をなぎ倒し、プロ注目のピッチャーへと進化していった。私とは姿勢が違っていた。

最後の夏が終わった日、私は忸怩《じくじ》たる思いで、自らの選手生命を断ち切った。

ちょうどその頃、両親が離婚し、このままでは学校生活が成立しない財政状況だった。

そんななか、兄は大学を辞めて、朝晩の新聞配達で私の学費を捻出し、母親は3つのパートを掛け持ちし、文字通り朝から晩まで働いてくれた。結局、まだやることが定まっていない私に、大学進学の環境を用意してくれたのだ。

私はどう恩に報いるべきか真剣に考えた結果、「どんな環境でも成果を出せる人材になる」と決意した。その方法論を後世に残し、同じように壁にぶち当たった人に対して、勇気を与えられるような存在になろうと思ったのである。

さらに、20代最後の日に動画で「1万円札になる」と宣言した。その目標を語ると、まず多くの人にバカにされる。

しかし、私はその目標について真剣に考え、日々目標に近づいていると実感している。

今の自分ができるレベルのことをこなし続けた先に何があるのか？

重ねた年齢は、イコール成長と言えるのか？

今のままの自分では超えられないかもしれない先にしか、真の成長は訪れない。**挑戦とは、弱い自分に打ち勝つこと**なのだ。

鬼100則 06

経験は買え

このご時世、転職でキャリアアップを図ろうという発想自体は間違いではない。

ところが、転職においては、どうも偏った見方をして、自分の可能性を狭めている人が多いように思える。

たとえば、年収アップが転職の成功ととらえるケースは多いが、はたしてそうだろうか。

私は**若ければ若いほど、自分の持っている知見や実力のサイズを大きくしていく経験資産を得たほうがいい**と断言する。

私は学生時代、バイトもせず甲子園に出られるくらい野球にのめり込んでいた。地獄の練習に明け暮れ、1円も稼いでいないどころか、部費や遠征費を支払っている立場だった。

しかし、私にとってはこの体験こそが経験資産そのものとなった。

ベンチャー企業で圧倒的に稼ぐためには、仕事を数多く泥臭くこなさないとならない。

もし、野球もそこそこにバイトで時給1000円の仕事を並行してやっていたら、きっとここまで稼げなかっただろう。地獄の練習を乗り越えたからこそ、稼ぐ力がついたのだ。
収入的には前職と比べてマイナスになったとしても、経験資産が積み上がっていればいいと考えよう。あとからいくらでも経験資産をマネタイズできるからだ。

では、どういうところで経験資産を積めばいいのかという話だが、**希少性の高い場所に身を置くこと**をお勧めする。

なるべく人が転職しないような業界や、行かないような場所で仕事をすれば、何より専門性が生まれ、同業者との差別化が図れるため、確実に経験資産は大きくなる。

つまり、**自分の「売り」や「専門性」を身につけることが豊かな経験資産につながる**のだ。

一方、これまで社員として給料20～30万円でやっていた仕事を独立後、業務委託として50万円で受けるような働き方をする人も少なくない。

これだと、目先の年収は上がっていくが、確実に収入が先細ってしまう。それでは、あなたの数年の経験価値をお金に換えているだけにすぎない。あなたの後にどんどん経験価値を売る人が増えていき、あなたの経験価値の需要がなくなっていく。

年齢が上がるとともに、価値が上がっていく自分をつくりたいのであれば、経験資産に投資をするという発想が必要になる。

1年やる＝365日続ける

最近、新卒で入社した会社を、わずか1年たらずで辞める人もいる。問題はその是非だろう。とくに、その後のキャリアに与える影響だ。

たしかに「1年半」とだけ聞くと、短いように感じられるかもしれない。「石の上にも三年」という言葉もある。３年どころか、その半分で辞めることになるわけだ。

ただ、日数に換算してみるとどうだろうか。１年半は５００日だ。その５００日間、全力で仕事をしてきたとしたら？

むしろその５００日間は、一つのキャリアとしてとらえられるのではないだろうか。

逆に言うと、その５００日間をキャリアだととらえられない人は、それだけの仕事しかしていないということだ。**成長する人は、日々、全力で仕事をしている。**１日も無駄にすることなく、努力しているからこそ、他人を凌駕《りょうが》する成果を上げられる。そのような人からすると、**1年半も一つのキャリア**だ。

１日あたり１センチでも、かまわない。あなたは日々、自らの成長を実感しているだろうか。日常的に成長を実感している人にとって、５００日は立派な経歴になり得る。その段階での転職に悩むことはない。

たとえば10年間、同じ会社に勤めていた人がいたとしよう。その人が転職するとき、「この10年で得たものを３つ挙げてください」と言われ、３つのエピソードを披露したとする。しかし、それら３つのエピソードを、１年半で得ることは不可能なのだろうか？

10年間でも、１年半でも、示せるのはやったことだけだ。そしてそれらは、日々の積み重ねである。５００日間の日々の積み重ねは、1年３６５日全力で生きている人にとって、学びの宝庫だ。

つまり問題なのは、勤めた期間ではない。転職するにしても、未来に向けた活動をどれほどしてきたのかが問われている。自らの可能性を示すことができれば、10年でも、５００日でも、かまわない。

10年間、オフィス内で悶々としている人もいれば、１年半いろいろな仕事を経験して知識やスキルを蓄積する人もいる。あなたが人事担当者だったら、どちらを選ぶだろうか。

１年やろう。３６５日全力で続けよう。それがあなたのキャリアになる。

鬼100則 08

その目標にワクワクできているのか

目標を達成するためには、日々、努力を積み上げていかなければならない。日々の努力が積み上がり、結果が蓄積され、やがて目標達成へと至る。

目標達成に必要なのは、ゴールからの逆算だ。ゴールから逆算し、日々の行動に落とし込んでいけば、やるべきことも見えてくる。

会社員であれば、会社から与えられた目標があるだろう。会社から与えられた目標をもとに逆算し、日々の行動へとつなげれば、いずれ目標は達成されるもの。

ただ、このときに注意したいのは、与えられた目標とは別に**自分自身の目標も考えること**だ。与えられた目標と自分自身の目標は、必ずしもイコールであるとは限らない。

むしろ、与えられた目標と自分自身の目標との乖離《かいり》に、悩んでいる人も少なくない。重要なのは、この**2つの目標をつなげるべく、工夫しているか、**だ。

もちろん、与えられた目標を達成しつつ、自分自身の目標を達成するのでもいい。時間や労力など、使えるリソースの範囲内で実現できるなら、それぞれ達成すればいいだろう。

さて、自分自身の目標について考えるとき、ヒントになるのは〝少年の頃の夢〟である。ポイントは、ワクワクドキドキできるかどうかだ。

子どもの頃に描いていた夢であっても、実現できていないとすれば、そこにはワクワクやドキドキが欠けているのかもしれない。大事なのは、**心が動くかどうかに尽きる。**

たとえば私の場合「社長」という肩書に憧れたが、社会人になった直後、まったく結果を出せていなかった。できない自分に苛立ち、絶望した。

それでも努力を続け、叶えられたのは、そこにワクワクがあったからだ。実際に「社長」と呼ばれている人たちと接し、実際の生活をのぞかせてもらった。社長にしかできない体験談を聞かせてもらったり、持ち物などを目に焼きつけ、ワクワクを保つことができた。

目標設定に理屈はいらない。不純な動機で結構。やりたいからやる、それでいい。成し遂げた先に、きっと志が待っている。何かを成し遂げられる自分になることのほうが大事だ。

あなたは今も、少年の頃の夢を持っているだろうか。そしてそこに、ワクワクやドキドキはあるだろうか。そのような夢をベースに、逆算思考をしていこう。

鬼100則 09

絶つから未来が広がる

「でも」や「だって」を口癖のように言う人がいる。

残念ながら、これらの言葉に続くのは、すべて言い訳だ。やる前から言い訳をしていると、何もできなくなってしまう。行動が止まり、思考停止に陥る。

私自身、やる前から言い訳をしないよう、**やらないことを宣言するようにしている。**

たとえば、「ランチミーティングはしません」「飲み会はすべて断っています」といったことを明言している。

そう言うと、「それだと可能性を狭めてしまうのではないか?」と指摘されることもある。

しかし、実際は逆だ。

使える時間が限られているからこそ、**あらかじめ損切りすることで、行動が洗練されていき、むしろ可能性が広がるのだ。**

「ランチミーティングをしない」という制限は、ランチミーティングによって得られる出会いを損切りしたことになる。そのことを認識している私は、ランチミーティング以外の出会いから、少しでも多くのものを得ようと必死だ。

その裏側には、**「何としてもとり返さなければならない」**という思いがある。つまり、損切りをしたことによって生じた〝とり返す思考〟があるのだ。

高校時代や大学時代を通じて、モテることを捨てていた私は、野球と勉強をとにかく頑張った。それらの活動に焦点をあてることで、未来を手繰り寄せたのだ。

もし最初から「だって自分はモテないから……」などと卑屈になっていたとしたら、明るい未来など描けないだろう。積極的な損切りもできなかったかもしれない。

しかし私は、言い訳をしなかった。言い訳をするのではなく、損切りすることで未来の成果を創り出したのだ。

もしあなたも、何らかの大きな成果を上げたいのであれば、損切りする勇気を持とう。そのうえで、損切りした分をとり戻す思考を身につけよう。

人間、誰しも変わりたくないという気持ちがある。自分も環境も、付き合う人も変えたくないものだ。

しかし、それらを言い訳にしている以上、飛躍的な成長はあり得ない。

鬼100則 10

チームワークとは「馴れ合い」ではない

チームワークとは何か。チームワークはクローズドなスキルだ。チームワークをスキルとしてとらえた場合、**「自分がやって50、人にやらせて50」**と表現できる。

つまり、すべての仕事を自分だけでやっているうちは、当然ながらチームワークではない。同様に、すべての仕事を他人に任せている場合も、チームワークとは言えない。

チームワークとはあくまでも、「自分がやって50、人にやらせて50」でトータル100になる活動なのだ。

器用な人ほど、自分が120頑張ろうとする。人に任せるより、自分でやったほうが早いと考えている人も多いだろう。

しかし結局のところ、仕事というのは他人との関わりで成立する。

自分だけがボールを持ってしまうと、周囲の人ができることは限られる。チームメンバーのリソースを成果に向けて最大化させることが仕事の基本だ。立場は関係ない。

それに、どのような仕事であっても、必ず納品先があるし、約束は守らなければならない。つねに納品先のことを考え、自分の力だけでなく、チームワークを発揮することが大切だ。

「自分がやって50、人にやらせて50」という言葉は、実は私が慶應義塾高校の野球部に所属していたときの行動精神として掲げられていたものだ。それを今でも肝に銘じている。

この行動精神から私が学んだのは、「チームワークとは馴れ合いではない」ということだ。

人にはそれぞれの役割があり、お互いに切磋琢磨していく必要がある。

たとえば自分がピッチャーだとしたら、一生懸命相手を抑えるだけでなく、仲間にも声をかけなければならない。仲間がエラーしたら「ドンマイ！」と声をかけるが、練習中には厳しく指摘する。

ときには「お前こそどうなんだ！」と反論されることもあるが、それでも、厳しく指摘し続ける。チーム全体で１００を出すためには、そのような心がけが必要だ。

私もまだ新社会人だった頃、アルバイトの内定者と一緒に仕事をしていて「自分でやったほうが早いな」と思うことはあった。それでも、仕事を任せるようにしていた。

自分の務めを果たしながら、ときには厳しく指摘し、ときにはきちんと任せる。チームは、「自分がやって50、人にやらせて50」によってはじめて１００になるのだ。

鬼100則 11

目的達成のためには手段を選ばない

設定した目標がなかなか達成できないという人も少なくない。

もし、あなたが目標を超えられないという悩みを抱えているのなら、「本気で試行錯誤」をしているのかを問いたい。

本気で試行錯誤している人は、手段を選ばない。もちろん、道徳や倫理に反することもやれと言っているわけではない。

目標達成するための手段はいろいろあるはずだ。**手段をすべて検討したり、試したりして、効果的な方法を見つけたら、その方法で全力を尽くしたのか、**気になるところだ。

私の目標は「ビジネスを学問にする」ということだ。

そのような目標から逆算したとき、自分自身でビジネスをつくることはもちろん、規模を大きくしていくことも求められる。加えて、関わる人を増やし、業務レベルを上げていく必要もあるだろう。

数値目標としては「3年以内に100億円企業をつくる」ことを念頭に置いていた。この目標を実現するためには、成長曲線にかけ算が必要となる。

そこで選択したのがM&Aであった。他の企業と合体し、その会社を自ら引っ張っていくことにした。

この話をすると「そんなやり方があったのか！」と驚かれることも多いが、目標達成に向けて本気で考えてさえいれば、自然と思いつくことだ。今はその目標を1兆円に置いた。

要は、本気で試行錯誤しているかどうかの違いでしかない。

本気で達成したい目標があれば、どんなやり方であっても採用し、達成することを前提に日々を過ごすはずだ。手段を選ばないとはつまり、そういうことだ。

たとえば、東京から大阪に行き、たどり着いたら1億円をもらえるとする。すべての新幹線や飛行機が止まって運休になったら、バスや電車など、あなたはどんな手段で大阪に向かうか。あらゆる手段を考えるはずだ。

目的を達成する道のりは一つではない。今までの自分ではやったことのない手段かもしれない。それを選択すること自体「挑戦」だ。達成したいことがあるなら、本気で試行錯誤しよう。手段を選ぶな。

鬼100則 12

目標は紙に書き出せ

成果を出したい、それもできるだけ早く――。そのためには、**「なりたい自分像＝ゴール」をイメージすること**だ。それもできるだけ明確に描くこと。

そこで、こんな成果を出していたいという**「1年後の自分のプロフィール」**をつくってみよう。一般的にプロフィールとは、〝今の自分〟を相手に自己紹介するものだが、あえて〝1年後の自分〟を人に自己紹介するつもりで考えてみる。

たとえば、「毎月の売上○万円を達成している」「この会社で新規開拓ナンバーワンになっている」「自分の企画が社内で有名になっている」など、そうした成果を1年後に出したいとすると、そこまでにやらなければならないことは何だろうかと書き出してみる。

こうしておくと、本を買うときでも、1年後の自分のあるべき姿から逆算して今、その本が必要かどうかの判断ができるだろう。

Amazonも新サービスを考案するとき、まずプレスリリースからつくるそうだ。企画書にまとめるよりも前に、出すべき成果を書き出して、実際にどうやればその成果が得られるのかを考えるとのこと。大いに参考にしたい事例だと言える。

また、書くプロフィールを「1年後」にしたのは、**期間を区切ることで、より具体的にイメージしやすくなるからに他ならない。**もちろん、会社や業種によって変化に対するスピード感覚が異なるので、自分が想像しやすく、頑張りやすい期間にしておこう。

とはいえ、「こんな成果を出したい」「こんな自分になっていたい」というゴールから発想する重要性がわかっても、なかなかイメージができない人もいるだろう。

そんなときは、**逆に「なりたくない像」を書き出してみる**のもいい。好きな人をなぜ好きか言語化できなくても、嫌いな人の理由は次々と浮かんでくるという人もいるだろう。

人間には、「〈得られる利益〉より〈失われる損失〉のほうが行動の動機づけとして成立しやすい」性質があると、プロスペクト理論で立証されている。

つまり、「こうはなりたくないな」という人を反面教師にするとか、「こういう人生はイヤだよね」というのを自分なりに明らかにすることで、将来の損失をとり除くことができるという考え方だ。

いずれのアプローチも1年後の自分をつくるということに変わりない。実践あるのみだ。

鬼100則 13

リスクをとらない努力家になっていないか

実践者になるための努力ではなく、評論家になるための努力をしている人も少なくない。

残念ながら、いつの時代でも、大きな結果を出している人は実践者だ。もし、あなたが評論家になるための努力をしているなら、改めてほしい。

たとえば、「本を年間３００冊読む」という目標を立てている人もいるだろう。読書は自らの内面を向上させる営みであり、それ自体は素晴らしい目標設定だ。

ただ、よくよく話を聞いてみると、この人は「とにかく資格をたくさんとる」「英検は準１級まで取得する」など、いわゆる〝武器をそろえる〟ことばかりしていた。

そのような努力を続けていく限り、そろえた武器は宝の持ち腐れになるだけだ。いくら武器をたくさん持っていても、使わなければ意味がないし、現状では使いきれないだろう。

厳しいようだが、この人のような**ノウハウコレクターは、結果を出せない人だと断言する。**なぜなら、ノウハウコレクトは「結果」ではなく「手段」だからだ。レベルアップし続けても、勝敗のつく場面に身を置かなければ、実績を得ることはできない。

その努力が実践者になるためのものか、評論家になるためのものかを分けるのは、**リスクをとっているかどうかにある**のだ。

たとえば、資格の取得を目指している人は多いが、その目的が「資格をとって独立すること」と「資格をとること」では価値が違う。後者はそのままだと無価値だ。

それに、一つの行動をとるということは、言い換えれば、**他の選択肢を捨てること**でもある。そのリスクをとる覚悟でインプットや行動をしているのかと、問いたい。

行動できていない人は、インプットすることで安心していないか、自問自答しよう。まず行動になれるためにも、ブログやツイッターに読んだ本の感想とノウハウをどう活用するかを発信してみるといい。

ただし、ただ感想を発信するだけだと、知識の定着を補強するぐらいにしかならない。そこからさらに、アクションへとつなげていくためのアウトプットが必須だと考えておこう。

アクションとは、現実を変える行動のことだ。インプットとアウトプットを通じて、現実を変えるための行動、アクションを積み重ねていこう。それがあなたを変えていく。

鬼100則 14

やりたいことは見つかるのではなく「決める」

成果を出すためには、目標は「見つける」ものではなく、「決める」ものだと考えよう。その後の動作が圧倒的に違うからである。

「見つける」という行為は、正解があるものだという前提で成立する。そのため、見つかるまで待つという状態になりやすく、いつまでたっても受け身になりがちだ。

これに対し「決める」は、今ある数多くの選択肢の中から、どれにするか考えるため、能動的である。能動的であるが故に、あとから自分で変える、改善することもできる。

目標は、決めたら変えられないものではなく、むしろ決めた後も改善するもの。定期的に見直し、磨き続ける必要がある。

私たちは意外とこのことについて、教えられてこなかったのではないだろうか。

私自身、元アスリートとよく接することがある。彼らのなかでセカンドキャリアで活躍する人、しない人と分かれるのは、この見直しをしたか否かである。

全員等しく「実行力」はある。それだけに目標を設定し、チャレンジしながら、自分の実力を見極めて目標をつくり直していけば、活躍できる人も間違いなく増えるだろう。「やりたいことが見つかりません」「ビジョンとかないんです」という相談を数多く受けるが、それは当然。そもそもあなたは意思を持って生まれてきたわけではない。

ただ、奇跡的に生まれ、今も生きている。その命に限りがあるなら、せめて自分自身の意志を持って、その命の使い道を決めることはあってしかるべき。**時間＝命ととらえることもできる。**

目標を「決める」のは、ベテランになっても難しい作業である。目標設定自体は磨くべきスキルなのだ。

そして、そのスキルを磨くために、目標設定自体に、何度もチャレンジし、その目標が高過ぎていないか、低過ぎていないか、振り返ること。とにかく「決める」回数を増やそう。なるべく自分で決めよう。目標に対する「決断経験値」を増やすのだ。

もしやりたいことが複数あり、優先順位に迷ったら、レベルが高いほうを選択しよう。

高い目標を掲げるのは勇気のいることだが、その分実行スピードが必然的に上がる。達成・未達成が重要なのではなく、絶対値が高くなることのほうが重要である。

鬼100則 15

「粘る」とは何か？

目標の数字に達しなかったときに、つい出る言葉が「来月こそは頑張ります」。

こういう人は少なくないが、「何を頑張るのか」を自分で説明できるのだろうか？

「はい、それでは今から10分あげるので〝頑張って〟ください」と言われたら、あなたは何をするだろうか？

誰しも「頑張ります」という言葉を耳にしたことや口にしたことはあるだろう。**頑張るという言葉は素晴らしくもあり、同時にあなたがやるべきことを見失わせる力も併せ持つ。**

頑張るという気持ちは大事だが、それだけでは足りない。

先日、ある営業マンからこんな相談をされた。

「提案してもどうもピントがずれてるという指摘をもらいます。お客さんの話はしっかり聞いているんですけど」

要は、「顧客への提案が全然通らない」というものだ。

そこで「しっかり聞くって何か？」という質問をすると、「……わからないです」という返答になった。業務を具体化しなかったのも原因で、提案が通らなかったように感じる。

仕事ができる人は抽象的な言葉は言わない。逆に言えば、**業務の具体化が上手**なのである。

この場合、「しっかり聞く」とは、具体的に何をすることなのか、動作に落とし込んでみることが大事だ。

・あらかじめ質問項目を決める
・Ａ４の用紙に質問項目をプリントして持っていく
・担当者のミッションを尋ねる
・目標は何かを尋ねる
・現状はどのくらいの数字かを尋ねる
・決済者は誰かを尋ねる、など

このように、列挙していくと、とるべき行動が見えてくる。

つい〝粘る〟〝頑張る〟といった具体性のない言葉を使いがちになるのもわかる。そんなときは**具体的な行動に落とし込むことを習慣にしよう。**行動の質が変わるはずだ。

鬼100則 16

考えるとは「自問自答」すること

若手のうちは、上司や先輩から「お前、ちゃんと考えているか?」と言われることも少なくないだろう。

ただ、この場合の〝考える〟とは、具体的に何を意味しているのだろうか。それを理解していなければ、失敗をくり返すことになりかねない。

そもそも考えるというのは、ただウンウンと唸っていることではなく、自らの行動や思考を〝自問自答〟することである。

ところで、**あなたは現在、何が問題点で何が課題なのか、把握しているだろうか?**

そういった自分の今を知る上でも自問自答の習慣は欠かせない。

たとえば「さっきのアポイントはよかっただろうか?」「今日の仕事ぶりは何点ぐらいだろうか?」「何が足りなくてうまくいかなかったのか?」などと自問自答してみる。

日々、少しの時間でも自問自答をしていけば、自分の長所や短所、課題などが見えてくるはずだ。

それから大事なのは、**自問自答して出した答えは、きちんと書き出しておくこと**だ。最初、書く分量は少なくてもかまわない。とにかく可視化してはじめて、次のアクションにつなげやすくなることを実感してほしい。

一方、自分の考えを可視化していないと、出口が見えない悩みを抱えがちになる。可視化できていないからこそ、その場の感情に流され、行動が突発的になりかねない。もしくは、頭の中がモヤモヤし、身動きがとれなくなってしまう。こうなれば、一発では具体的な改善策など、到底思い浮かばないだろう。

そうではなく、**自問自答を可視化して課題と向き合ってみる。**書き出してみると意外と大した問題ではなかったり、人の悩みにアドバイスするような感覚で、改善策を客観的に考えつくことができる。

思考、すなわち「自問自答で可視化する」行為は、それなりのエネルギーを使う。慣れないうちはすぐ疲れてしまうだろう。最初は多くの時間をとる必要もないし、自分に合ったペースで無理なく自問自答してみて習慣化すること。

自問自答できるようになると、あらゆる壁を乗り越える力が身につくので、お勧めする。

鬼100則 17

自己実現ではなく相手の役に立つこと

ビジネスではホームランを打つ人よりも、顧客にホームランを打たせた人のほうが評価される。

要は、**相手を勝たせる（儲けさせる）ことこそが、ビジネスの本質**である。自己実現ファーストではなく、相手への貢献である。一番与えた人が一番儲かる。

今まで、元プロアスリートの方がビジネスで苦労している様子をよく見聞きしてきた。彼らがなかなか結果を出せない一番の理由が、実はここにある。自分が結果を出すことと顧客が喜ぶことが同じと認識してしまっているのだ。

あくまで結果を出すのは顧客である。顧客にいかに結果を出させるか、そのための黒子になることが、ビジネスでは求められる。

また、顧客に結果を出させるために、自分だけが負けることは無論、評価されない。目先の結果のために値引きをして、その場をやり過ごすのは、お互いにとってよくない。それ自体広い視野で見れば、ＧＤＰ※を下げる行為だからだ。顧客のいい結果＝自社のいい結果になるような最大公約数を見つけ、そこに成果を集約させることである。アライアンスビジネス（協業）の提案や、次回以降の継続発注を頂けるような提案がそれに該当する。

「トップ営業マン」というと、ゴリゴリ精力的なイメージを持たれる方が多いかもしれないが、実際はそうでもない。むしろ自分を前面に出す営業マンに信頼は預けづらい。

私自身、あらゆる業界の営業トップの方とお会いする機会がある。多くの場合、地味な見た目だったりして驚かされる。人によっては存在感が薄い人なんかもいる。

彼らに共通しているのは、じっと相手の話に耳を傾ける姿勢である。主役は自分ではなく、顧客であることを背中が物語っている。たとえ性格的に目立ちたがり屋、目立つ出立《いでたち》であっても、姿勢は一貫して**「顧客目線」**である。

もちろん、「私はこの会社でトップになりたい」宣言は社内発信としては問題ない。ただし、それは顧客からすると関係のない話。**顧客にとって自分が信頼の置ける存在になれているか、メリットのある存在になれているか、**その問いに応えたい。

相手を勝たせた回数が多い人、相手を大きく勝たせた人が、結果的に一番人から愛される。

※ GDP とは、国内総生産のことで、１年間同じ国に住んでいる人々によって新たに生産されたモノやサービスの付加価値のこと

ローリスク・ミドルリターンを狙え

結果を出すためには、一定のリスクをとる覚悟が必要だ。リスクをとることなく、安全圏で努力しているだけでは、リターンを得られない。つまり、結果につながらない。

ただ一方で、闇雲にリスクをとればいいわけではない。できるだけリスクを下げ、リターンを高めていくことも必要だ。リスクはとるべきだが、リスクを低減していく努力も同時に求められる。

狙うべきなのは**「ローリスク・ミドルリターン」**だ。

ハイリスク・ハイリターンを狙いたいと言う人も多いが、そのようなものは滅多にない。世の中にあふれる成功事例の多くは美談であり、実現できるのはごくわずかな人だけだ。大抵の人は、ハイリターンを得られるだけのリスクをとることができない。いざとなると、ハイリスクに尻込みしてしまうのが普通だ。

だからこそ、リスクを抑える努力が必要となる。そして、**リスクを抑えつつ、より多く**

のリターンが得られるように工夫したい。

たとえばあなたが、たくさんのお金を稼ぎたいと考えていたとしよう。そのために、独立・起業して成功すれば、お金を得られる可能性がある。

しかし、何も考えずに起業して失敗すれば、多額の借金を背負うことになりかねない。そうならないよう、事前に副業からはじめてみるといい。

副業であれば、失敗しても大きな痛手とはならない。たとえお金が得られなかったとしても、経験として蓄積される。別の仕事を通じて学びもあるだろう。

また、起業のリスクを減らすという意味では、独立する前から人脈をつくっておくという方法もある。会社員時代から起業に向けて動いておけば、それがすなわちリスクヘッジになるのだ。

大きな成果を上げている経営者というのは、新規事業を小さく試してみたり、主業に加えて他の事業も横展開させたりしているものだ。そのようにしてリスクを抑えている。そうした工夫を参考にしよう。

リスクはとるべきだが、同時に、そのリスクを抑える努力もする。ハイリスク・ハイリターンではなく、ローリスク・ミドルリターンを実現していこう。

鬼100則 19

成長を促進する「YKK理論」

私が若手ビジネスパーソンに勧めるメソッドは**「YKK理論」**。「やって（Y）、気づいて（K）、考える（K）」の略である。

これはPDCAが苦手な人向けの考え方となる。「やって」が〈行動〉、「気づいて」が〈知覚〉、「考える」が〈思考〉。順番はどこからスタートしてもよいが、「まずはやってみよう」というメッセージを込めて、Yからスタートする。PDCAでいうと、P（計画）ではなくD（実行）から始めることと、要は同じである。

そして、Yの次にやることは、C（評価）ではなく、K（気づいて）、感想だけを話すことである。気づいたことをヒントにして、次のK（考える）、やるべきことを考えるという流れである。実に単純だが、このステップだと考えが深まりやすい。

こうすることで、より精度の高いプランが立てられるので、気持ちに余裕を持って進むことができる。

ＰＤＣＡよりも、「やってみる」という、素早く行動を起こすことに重きを置いた「ＹＫＫ（やって、気づいて、考える）」を推奨する。

ＹＫＫ理論の「やって」（Ｙ）「気づいて」（Ｋ）「考える」（Ｋ）は、それぞれ「行動」「知覚」「思考」と言い換えることができる。そしてこれらを俯瞰するのが「メタ認知※」。

メタ認知では、思考の思考、行動の振り返り、感じたことを言葉にする。イメージとしては、自らの行動、知覚、思考を客観的な視点から眺めつつ、実行することである。そうすることで、自らを客観視するためのメタ認知的視点を得ることができる。

人間の無意識の認知活動を見える化し、人間が行っていることをロボットが代替するための技術がＡＩの分野と言える。

たとえば、自動運転技術にもメタ認知の発想が応用されている。どのようなときにどう運転をすればいいのかを判断するためには、あらゆるケースを想定し、こうなった場合はこうするというプログラムを組む。組み込んだプログラムは、状況に応じてアップデートをくり返す。

このようなすべての過程において、メタ認知の発想が活用されている。ＹＫＫ理論でも「行動」「知覚」「思考」を繰り返していく中でメタ認知能力が養われる。

※メタ認知とは、自分自身を客観視して制御すること。

鬼100則 20

アイデアに価値はない

起業の相談を受けていると、「このアイデアは誰にも言わないでほしいのですが……」と言われることがある。

なるほど、相談者からすれば、誰かに真似されることが心配なのだろう。起業の世界は先手必勝。どんなアイデアも、先にかたちにした人が多くの実りを得る。

ただ残念ながら、本当に価値のあるアイデアなど、ほとんど存在しない。あるとすれば、すでに実現されているものだ。

極端な話、**あなたが思いついたアイデアは、すでに1万人ぐらいの人が思いついていると考えたほうがいい。**それが現実だ。

もし、そのアイデアがビジネスとして結実していないとしたら、何らかの問題があるのだろう。技術的な問題かもしれないし、制度上の問題かもしれない。いずれにしても、実現できていない理由があるはずだ。

そう考えると、アイデアを自らの内に溜め込んでおくこと自体、無意味なのだとわかる。アイデアそのものには価値がないのだから当然だ。

であれば、**アイデアはむしろどんどん発信していったほうがいい。発信し、反応を得て、より高いレベルのアイデアへと育てていくべき**だろう。

また、アイデアを発信することで、自分の思考力も高まっていく。他人の反応から学びを得て、より確度の高いアイデアへと昇華できるのだ。それこそ、生産的な活動と言えるだろう。

私がサイバーエージェントに勤めていたとき、ある同期社員がアプリを開発した。そのアプリは申請時にボツになったのだが、その話を聞いた別の同期社員がそのアプリの音声だけを譲り受けた。そして、１０００万ダウンロードのヒットアプリを生み出した。

この事例から言える教訓はこうだ。アイデアに価値があるのではない。そのアイデアをどう活かすのか、つまりアクションにこそ価値があるのだ。

世界最大のソーシャルメディアであるフェイスブックもそうだ。もともとは、創業者マーク・ザッカーバーグの先輩が発案したとされている。しかし、それを大きく展開させたのはザッカーバーグ当人だった。アイデアに価値はない。この教訓を胸に刻んでおこう。

鬼100則 21

選ばれる人となれ

仕事は究極の個人競技だ。

究極の個人競技であるからこそ、個人のスキルアップが欠かせない。そして日々の学びや経験、実践の蓄積が、結果につながっていく。

そして、個人競技の集合体としてビジネスがある。関係者とともに切磋琢磨することで、社会に価値を提供できる。

スポーツに例えるとわかりやすいだろう。球技などの団体スポーツでも、個人の競技力があってこそ、チーム力が高まっていくものだ。

つまり、チーム全体の力量を高めたいのであれば、個人の競技力を上げ、それらをかけ算によって組み合わせていくことが求められる。

ビジネスも同じだ。自分が個人としてのスキルを高めることによって、チームのレベルも上がっていく。よりおもしろい仕事に出会うチャンスも広がるだろう。

また、**個人のレベルを上げていくと、仕事を選ぶ力を身につけられる。**結果を出している人は、次から次へとおもしろい仕事を選び、さらに結果へとつなげているのだ。

たとえば、電通に仕事をお願いする場合。電通ブランドがあるからこそ依頼するということもあるが、実際には、「電通の○○さん」に仕事をお願いすることになる。

私の場合もそうで、サイバーエージェントに仕事を依頼するというより、「サイバーエージェントの福山さんにお願いしたい」と言われてきた。やはり、最後は個人なのだ。どの会社でも、誰がその仕事をやっているのかはわかる。優秀な人ほど、指名で仕事を依頼されているものだ。そのような人は、たとえ組織を離れても活躍できる。

逆に言うと、組織内での業績に甘んじているだけでは、これからの社会で活躍できない。**より一層、個人の実力をどう高めていくのかにフォーカスし、真剣にならなければ、組織からも振り落とされてしまう**だろう。

選ばれる自分になるためにはどうすればいいのか。スキルを高め、周囲にアピールし、世の中に自分自身を伝える活動を続けていこう。

あらゆるチャンスは、自分の存在を知ってもらえてはじめて訪れる。

年下のすごいやつをベンチマークする

若くして活躍している人ほど「若いのにすごいね！」と言われる。

事実、10代や20代で大きな結果を出している人の中には、「若いのに頑張っているね」「若いのに立派だね」と言われた経験がある人も多いだろう。

私自身、これまで「まだ20代なのにすごいね！」と言われてきた。ただ私は、そう言われる度に、「自分はまだ本当にすごいわけじゃない」と思うようにしてきた。

それに、「若いのに……」という枕詞《まくらことば》がつくのは、下駄を履かせてもらっている証拠だ。裏を返すと、「若くなければ別に普通だよね」ともとらえられる。

そのことを忘れて、**「自分はすごいんだ」と思ってしまうと、実力以上に自分を高く評価してしまう**ことになりかねない。それは、努力の減退につながるだろう。

同様に、「あの人は自分より年齢が上だからできて当たり前」と考えてしまうのも危険だ。そのような発想は甘えとなって跳ね返ってくる。

年齢を経ていれば、それなりの経験があるのは当然だ。しかし、目上の人を目標にしている限り、これまでの速度でじっくり、成長することしかできないだろう。

そこで私は、**自分より年下の人をベンチマークする**ことをお勧めしたい。年上のすごい人を見るのではなく、年下のすごい人を見る。そして、自分と比べるのだ。

「自分の20代はあそこまでできていたか」と考え、その答えがノーであった場合、いずれ抜かれてしまうのは明白だ。そのような認識から危機感が生まれるのだ。

危機感があれば、「若い人には負けたくない」という気持ちが自然と高まる。それは、自分が若いかどうかは関係ない。上ではなく、下を見ることだ。

高校生の頃、1年生でベンチ入りしたとき、「先輩に負けたくない」という気持ちはそれほど強くなかった。むしろ、1年でベンチに入れた自分を誇らしく思ったものだ。

しかし、いざ自分が2年生になってみると、実力のある1年生に抜かれてしまったのだ。

そのときの悔しさは今でも忘れない。自分が先輩である以上、何ら言い訳はできない。

仕事の現場でも同じだ。先輩ではなく、年下のすごい奴をベンチマークしよう。そして、**言い訳できない状況をつくり、「負けたくない！」という気持ちを呼び起こす**のだ。

その気持ちが、あなたを強くする。

鬼100則 23

とことんハマれ 誰よりも詳しくなれ

特定の物事にとことんハマること。それが、現代の成功法則の基本原理だ。ハマることによって、誰よりも詳しくなれる。詳しくなればなるほど、知識と経験で差別化できる。そのことが、類いまれな成果につながる。

たとえば私の場合、現在、動画のチェックに多大な時間を割いている。1日あたり平均8～10時間ほど、ユーチューブの閲覧にあてているのだ。

その理由は、私が動画に関連する事業に携わっているからなのだが、何よりも、まず自分がハマらなければならないと考えている。

子供の頃、「ゲームばっかりしないの！」「動画見るより勉強しなさい！」などと、両親から注意されたことがある人も多いだろう。

しかし現実は、**何かにより深くハマっている人ほど、社会で活躍している。**時代は変わったのだ。

好きなことであれば、どれだけ時間を費やしても苦にならない。本人からすれば、努力しているつもりはないのに、他人よりも何倍も頑張れる。それが理想だ。

事実、動画であれば、ユーチューバーとして何億円も稼ぐ人がいる。ゲームであれば、プロゲーマーとして世界中で活躍している人もいる。まさに、仕事になっているのだ。

好きなことにとことんハマる人が活躍している事例は他にもある。

近年、多くのメディアでもとり上げられているアイスマン福留氏は、アイス好きが高じて、コンビニアイス評論家として活躍している。これも立派なポジショニングだろう。

誰にでも、好きなことの１つや２つあるだろう。重要なのは、その**好きをとことん追求できるかどうかだ。**中途半端に取り組むのではなく、誰よりもハマることによって、突出した人材になれるのだ。

そして、どんな分野であっても、**追求した先にあるものはそう変わらない。待っているのは、普遍的で、応用可能な真理**なのだ。

物事に原理原則があるように、普遍的な真理を理解している人の発言には含蓄がある。対象がゲームであれ、動画であれ、アイスであれ、突き詰めるだけの価値はあるのだ。

とことんハマれ。そして誰よりも詳しくなろう。

鬼100則 24

行動計画は「3分ルール」

誰しも大きな仕事、はじめての仕事、苦手な仕事を前にしたとき、ためらったりたじろいだりする。

そんなときは**「3分でできること」に分けて考えてみよう。**

プレゼン資料をつくる、新サービスをつくるなどといったとき、「何と何が必要なのか。いつまでに必要なのか」と、それぞれのパーツをちゃんと明らかにすることで、やるべきことが具体的に見えてくる。

次にその「3分でできること」にまで分解した作業のすべてを「3分で見渡す」ことをしていく。

すると、全体の構造がわかり「最初に手を付けるべきはこれ」という作業のポイントもわかる。私はこの作業の一連の流れを「3分ルール」と呼んでいる。

「どれくらいの時間がかかるか」という時間的見積りが上手になると、仕事が怖くなく

なる。この恐怖感をとり除けているかどうかが仕事をするうえでは大事なことになる。

というのも、とくに仕事に苦手意識を持っていると、「あと回し」にしがちになるからだ。初見の仕事に対して、「あとでやろう」あるいは「夜にまとめてやろう」と敬遠してしまう。

学生時代は、一夜漬けでなんとかなったことも、お金をもらって行うビジネスでは成果物の品質が担保できないことになる。当たり前のことだが、肝に銘じよう。

では、いかに「3分ルール」をマスターするかだが、タイマー活用をお勧めする。

「3分」の感覚をつかむまでは、ツールを使って実際にどのくらいの時間なのか、計るといい。**締め切り効果で頭がフル回転する実感が得られる**だろう。

私の場合、毎朝3分、やるべきことを整理して、実際に書き出すようにしている。具体的には、最初にパソコンを開いたタイミングで行う。スマートフォンだと思考が狭くなり、見落としてしまうからである。あなたにとって、やりやすい方法を選択すればいい。大切なのは、仕事への着手の前に全体像を把握することだ。

朝出社してすぐに仕事に着手すると、その日のスケジュールの全体像が把握しづらくなる。どこにどれだけの時間と労力を費やすべきか把握しておくと、パフォーマンスが変わるため、始業時にやるべきことを書き出す時間を3分とることをお勧めする。

鬼100則 25

黙って出世する

出世したいかと聞かれたら、「別に出世しなくてもいい」と答えていないだろうか。

我々は、高度成長期を支えた先輩方よりも、出世、副業、転職、起業、そして年金問題などと考えなければならないことが多く、出世していいか悩むことも多いかもしれない。

ただ、悩んで手が止まってしまうくらいなら、迷わず出世を目指そう。**おもしろい仕事は組織の上層部に集まっている。**より高いレベルの仕事によってあなたの可能性はもっと引き出されるし、仕事は勝手におもしろくなる。どんな組織でも変わらないルールだ。

出世、副業、転職、起業のいずれかで成功したいのなら、誰かの期待に応える必要がある。その意味で、少なくとも今の会社で、今のポジションで、評価をされていないとなると厳しい。「今の環境では難しい」と言い訳するくらいなら、さっさと転職してしまおう。

野球のルールを知らずに、プロを目指す人はいないが、ビジネスのルールを知らずに上のレベルに進もうと（出世しようと）する人は多い。資本主義のルールを知らずに、お金持ちになろうとする人も一定数いる。勉強熱心なあなたにとって、これはチャンスだ。

そもそもビジネスが嫌いで、資本主義が肌に合わないのなら、「株式会社」に入社しなくたっていい。いろんな組織があり、いろんな生き方がある。すぐに検索できる時代に、これらを見つけられていないのなら、自分に落ち度がある。決断力とかそういう次元ではない。調査に時間を割いていない自分の責任である。

「会社のせい」と言うのは簡単だ。それが具体的に誰の責任で、どうなったら解決するのか。知る努力はしているのか。自分なりの仮説はあるのか。改善する行動はしたのか。

改めて、今の自身が抱えるモヤモヤは本当に会社のせいなのか、考え直してみてほしい。あらゆるモヤモヤやイライラは、自分がさっさと偉くなって解決すればいい。自分が偉くなるのに時間がかかるなら、偉い人を巻き込めばいい。できない理由があるならそれを可視化すればいい。

もし、あなたの部下がウジウジしていたら、こんな言葉を浴びせていただきたい。

出世をすれば発言力は高まる。組織とはそういう構造で成り立っている。

キャリアに悩み、それでも答えが出せないでいるのであれば、とりあえず出世を目指してみよう。その先、転職するにせよ、独立するにせよ、出世しておいたほうが得は多い。

第2章

Speed-up
~鬼高速化~

人生が終わることを恐れてはいけません。
むしろ始まらないことを恐れなさい。

グレース・ハンセン

時間って命の一部なんですよ。

平尾誠二

石の上にも三年という。しかし、三年を一年で習得する努力を怠ってはならない。

松下幸之助

鬼100則 26

夜の締めくくり方で差がつく

朝のルーティンを確立している方は多いが、夕方、帰り際のルーティンはどうだろう？スポーツ同様、ウォーミングアップも大切だが、クールダウンも大切である。一流はむしろクールダウンに美学を持つ。ここではお勧めの夜のルーティンを3つ紹介する。

① タスクの完了状況を確認する

その日のタスクが完了しているか否か、確認できているか？

新入社員時代は、上司に日報を提出する必要などがあったが、段々とやらなくなる人が多い。本来「振り返り」を続けることで、「タスク設定能力」は高まる。目標を達成したいならこの「タスク設定能力」は欠かせない。

まずは「やるべきことができたか」の確認をしていこう。できていないことを恥じる必要はない。大事なのは、**やると決めたことがいくつできたか、正確に向き合うこと。**「設定したタスクをこなす」という動作は一生つきまとう。今から一歩ずつ上達していこう。

② 翌日やることを列挙する

次に、①の振り返りをふまえて、翌日やること（タスク）を箇条書きで列挙してみよう。

優秀な人は1か月間の目標を決めて、目標が達成できるように日々のタスクに落とし込んでいく。目標達成と日々のタスク遂行はほぼイコールと考えていい。

日々のタスクを遂行できたかどうかを確認し、自分自身へのフィードバックがビジネスパーソンとしての自分を高める、と思いながら、タスクに向き合っていこう。

業務時間中は振り返るヒマがないと思うので、帰り道にふと考えてみるのもいいだろう。

③ 外してはいけないタスクを翌日のスケジュールに入れておく

②で翌日やること（タスク）を決めたら、それをスケジュールに組み込んでいこう。

そもそもタスクを把握していても漏れてしまう一番の理由は、自分以外の人が原因であるケースがほとんどだ。今はスマートフォンやSNSで時間に関係なく連絡がとれてしまうため、自分自身が遂行しようと思ったタスクにとりかかれないことがよくある。

そこで、**「資料をつくる時間」**や**「調べ物をする時間」**など、**作業に当てる時間ごとに作業場所をセットで押さえること。**その際、連絡も断つべく、スマホは機内モードにする。

以上、この3つを行っていけば、目標達成能力が身についてくる。強くお勧めする。

鬼100則 27

「未読ゼロ」「3行メール」メールの書き方

仕事が早い人は、メールの処理も早い。メールの処理を早く行える分、より本質的な仕事に時間と労力をかけられるためだ。

では、どうすれば最速でメールを処理することができるのだろうか。ポイントは2つある。

一つは、**スマートフォンでメールをチェックする習慣を身につけること。**スマートフォンを活用すれば、いつでもどこでもメールをチェックできる。

当たり前のように聞こえるかもしれないが、この習慣を徹底できるかどうかで、メール処理の速度は大きく変わる。具体的には「未読ゼロ」がスタンダードになる。

仕事ができない人ほど、スマートフォンは通知マークだらけだ。その場で処理しようとしないために、タスクが溜まっていき、すべて後手後手になってしまう。

少なくとも、メールに関してはその場で処理するようにしたい。もし、スマートフォンでメールをチェックできないのなら、スマートフォンで使えるメッセージを活用するようにしよう。

パソコンでしかメッセージを確認できない状態であれば、仕事の効率は上がらない。「オフィスじゃないと」「Wi-Fiがないと」というのも同様だ。

返信するための制約はできるだけないほうがいい。スマートフォンを使えば、電波が入るところならどこでも返信できる。その強みを生かさない手はないだろう。

もう一つのテクニックは、**返信はできるだけ簡潔にすること。**可能であれば3行ほどで済ませるようにしたい。

そのためには、メールでテンションを伝える必要はないと割り切っておくといいだろう。メールは基本的な伝達だけできれば事足りる。究極的には「了解です」だけでもいい。

サイバーエージェントの社長である藤田氏も、メールの返信は短かった。いちいち「○○さん　お疲れ様です」などの文言は入れていなかった。それでも、伝わればいいのだ。

もちろん立場による違いはあるのだが、メール本来の役割を考えると、できるだけ簡潔なメッセージを送るようにしたい。目指すは3行。

メールが手早く処理できるようになれば、あなたの仕事は格段に早くなるだろう。

鬼100則 28

100点を1つより60点を2つ

仕事を高速化するためには、アウトプットを早めなければならない。仕事というのはアウトプットの連続だ。**アウトプットを早めることが、仕事を高速化することになる。**

アウトプットを早くすると、フィードバックも早く得られるようになる。提出するまでもたもたしている人は、相手からフィードバックを得られず、悶々とするだけだ。

そのような状況に陥る前に、たとえ60点の状態でもいいから、とにかくアウトプットする。そして、フィードバックを得たうえで改善していけばいい。

仕事が早い人は、そうでない人が100点のものを1つ出そうとする間に、60点のものを2つ提出している。そしてそれぞれ、フィードバックを得ているものだ。

フィードバックがあるため、60点の成果物はどんどん改良されていく。自分だけでなく、他人の目を通すことで素早く改善されていくのだ。

企画書で考えてみるとわかりやすいだろう。100点の企画書を提出しようとする人は、いつも締め切りギリギリだ。そしていざ提出してみると、ダメ出しを受ける。しかし修正する時間はない。

一方、60点の段階でどんどん提出する人は、上司からのフィードバックを参考に、よりいい企画書をつくっていく。それはすなわち、**上司を巻き込むこと**でもある。**上司としても、口を出した以上は〝共犯者〟にならざるを得ない。**そこには責任が生じるため、一緒になって企画書を練ってくれるだろう。

ただ、硬直的な組織だと「却下されるとわかっているものを出すな！」と主張する人もいるかもしれない。人によってよりけりだが、それでも早く出すほうが行動として正しい。

とくに**社内の成果物は、ギャップを埋めることによって成り立っている。**ギャップを埋めるとはつまり、上司と部下の間にある認識の齟齬《そご》を埋めることだ。

双方の認識に齟齬がなく、成果物が一定レベルをクリアしていれば、仕事は滞りなく進んでいく。齟齬があるから停滞するのだ。

そしてその齟齬を解消する行為こそ、60点での提出とフィードバックにほかならない。

１００点を１つ提出するのではなく、60点でもいいからどんどん提出する。そのようにして、仕事の速度をあげていこう。

鬼100則 29

行動を「動作化」する

仕事ができないとはどういうことだろうか?

ここでは仕事が「完了」できない状態と定義する。なかでもよくありがちなのは、あいまいなタスクをつくってしまうことだ。

あいまいなタスクができる理由は2つある。

一つは手順がわからないこと、2つ目は業務の全体像がつかめていないことだ。**完了イメージがわかないから、いつまでたってもタスクが完了しない**のである。かく言う私も新卒時代、そんな日々の繰り返しだった。

では、どのようにして、あいまいなタスクをなくしていけばいいのだろうか?

ポイントは、何をすればいいかを言語化して、あいまいなタスクを動作化することにある。動作化とは手と足を使って、今すぐこの場でできる具体的な動作に落とし込むことを言う。

具体例で説明しよう。

□企画書をつくる

・Ａ４の紙を用意する　・課題を書き出す　・解決策を書き出す　・企画のキャッチコピー候補を書き出す　・ベンチマークサービスを調べる　・プロジェクトメンバーを書き出す　・計画を書く　・上司に一度見てもらう時間を押さえる（提案日の前に）

□転職をする

・転職サイトに登録する　・面接を受ける　・内定をもらう　・退職届を書く　・上司との面談の時間を押さえる　・退職届を提出する　・引き継ぎのスケジュールを紙に書き出す　・挨拶メールを書く　・退職日にメールを送る

□ヒアリングをする

・質問項目を書き出す　・Ａ４の紙に質問項目を印刷して持参する　・担当者の部署のミッションを尋ねる　・部署の目標を聞く　・現状はどのくらいの数字かを聞く　・決済ルートを聞く

などとなる。このように**細かくタスクを書き出していくことが大事になる。**

この世に終わらない仕事などないことに気がつくだろう。

「初動」がすべて

「自分は仕事が遅い」と悩んでいる人の多くは、動き出しが遅い。つまり「初動」が遅れている。初動が遅れると、いつまで経っても仕事は進まない。

一方で、**仕事が早い人は初動が早い。**仕事を溜め込むことなく、早く動き出している結果、次から次へと処理できるようになる。

短距離走の選手を見ればわかりやすい。スタートの段階から、トップスピードにあげられる人はいない。どんな選手も、序盤、中盤と徐々に速くなっていく。

仕事も同じだ。**動き出しを早くしなければ、物事はスムーズに進んでいかない。**初動が遅くなればなるほど、着手するのが億劫になる。その結果、仕事は遅れていく。

とくに現代は、情報社会だ。今日の意思決定が、明日の環境に適合するとは限らない。グズグズしていると、仕事の前提そのものが変わってしまうこともあるだろう。

それにもかかわらず、初動でもたついているようでは話にならない。ようやく着手したときには、仕事の意味が失われている。それでどうして成果を出せると言うのだろう。

新規事業の企画なども、提出日ギリギリまで企画を練るより、初日にA４ペラ１枚で上司に提案し、フィードバックをもらったほうが、結果的に企画が通ることもある。結果は一目瞭然だろう。

私がこれまで「10冊の本を書く」と明言している理由もそこにある。

50歳や60歳になってから本を書いたほうがクオリティは高まるかもしれない。しかし、初動を早め、それまでにたくさん書いておいたほうが、さらにいいものが書けると考えているのだ。

50歳になってから最初の１冊を出すのと、50歳になって11冊目を出した場合では、どちらがより良質な本になるだろうか。蓄積されたフィードバックと経験のおかげで、後者に軍配があがるだろう。

会社をつくって大きくする場合でも、１社目から大成功を目指すのではなく、複数の会社をつくって実力を育んでもいいのだ。そのうち、大きなチャンスが得られるかもしれない。

しかしそのためには、少なくとも、初動を早めなければならない。

鬼100則 31

「電話がダメ」なわけではない

「電話はダメ」「メールはいい」「メールは古い」「チャットで済ませる」「対面営業は古い、テレビ会議がいい」などと好き勝手を言う人に惑わされないでほしい。

正解は、**相手の状況によって異なる。**相手が受けとりやすいタイミングと適切な形で情報を提供することがコミュニケーションにおけるマナーだ。キャッチボール同様、相手が受けとりやすい箇所に、受けとりやすい速さで渡してあげること。

たとえば、ある分野の基礎知識がない相手に対し、専門用語を並べて説明することは、子ども相手に時速150㎞のボールを投げるようなもの。到底、相手は受けとれない。

子どもが相手なのであれば、できるだけ優しく投げてあげるはずだ。扱うボールも硬式ボールではなく、軟式ボールを使ったほうがいいかもしれない。

それが、本来の意味での「会話はキャッチボール」ということなのだ。

もちろん、いつでも優しく投げればいいわけではない。経験者に対して、あまりにゆっくりとしたボールを投げるのは、失礼にあたる場合もある。

私がかつて在籍していたサイバーエージェントでは、新規事業の企画会議で、市場動向の話などはご法度であった。経営陣のほうが市場に対する理解があり、インターネットの歴史を見てきている分、学生が行うビジネスプランコンテストのようなレベルのリサーチ資料など時間の無駄である、という共通認識によるものである。

そのようなときには、ビシッと結論と誰がいつ行うかなど、シンプルに提案することが礼儀となる。

よって、電話なのか、メールがいいのか、手紙がいいのか、あるいは会って話したほうがいいのかまで考えて、コミュニケーションを設計することが求められる。

自分が投げたいボールを投げたいタイミングで投げるのではなく、**相手が受けとれるボールを投げる**ということ。相手のことを考えずに話していると、こちらの意図が相手にきちんと届かず、一方的な会話になりかねない。それはコミュニケーションではない。

「聞いていないほうが悪い」のではない。**理解してもらえる形で伝えるのがプロ**としての姿勢である。ビジネスコミュニケーションは発信者責任で考えると、仕事が円滑に進められ、自身のプレゼンスも高まる。

鬼100則 32

毎日ではなく「毎回」振り返る

1年に1度、年末にだけ振り返りをする人がいる。

振り返るという行為自体はいい。ただ、1年に1回でいいのか？

同様に「毎日振り返ります」という人がいる。素晴らしい。ただ、日によって行動量と行動の種類が多岐にわたるはず。毎日、同じように振り返るのが難しく、日記や日報をやめてしまった人も多いのではないだろうか。

ここでのお勧めは**「毎日振り返る→毎回振り返る」**である。

プロ野球の打者は、1打席ごとに自分の打席を動画などを活用し振り返る。1日単位ではなく毎回振り返ったほうがいいのは、容易に想像がつくだろう。

ビジネスパーソンのあなたも同様だ。毎回の会議ごと、書類作成ごと、商談ごとに振り返りを行ったほうが成長スピードは早いに決まっている。誰しも新入社員時代はできていたであろうが、多くの人は段々と振り返りをしなくなっていく。

とはいえ、大人になるまでに身体の成長がどこかで止まり、成長の実感を得られるチャンスはなかなかない。どこで自身の成長を図ればいいのか。

その答えは言葉である。**言葉を使って自分の成長をモニタリングする**のだ。日記でもブログでもいい。記録をすることだ。課される数字も職場や役割によって変わるだろう。年収も会社や業種によって頭打ちになることもある。そんな中で自分自身の成長をモニタリングするためには、言葉を使って自身の行動を振り返る他ない。

成長できていない自分に気づけなくなると、老害化する恐れがある。何とかして毎回、自分の成長を見出して言語化してほしい。

「毎回」の定義が決められない人は「失敗のタイミング」で振り返ることを推奨する。成功は、運の要素が大きいからだ。

さっさと失敗しよう。赤ちゃんは毎日がトライアンドエラーだ。学習せずにできてしまうことは恐ろしい。肝心なところで失敗してしまう懸念をなるべく早く潰しておこう。なるべく若いうちに挑戦して失敗しておきたい。

「できない」「わからない」は成長のタネだ。そこから目を背けると、成長のタネは芽を出せなくなる。

ショートカットを100個登録する

文章を書くのが遅い人は、仕事全体も遅くなる。そして文章を書くことは、社会人の基本スキルだ。できるだけ短縮する方法を考えよう。

たとえば、メッセージの冒頭に「○○様　お疲れ様です。」といった挨拶を書いている人は多い。いわば挨拶の定型文だ。

可能であれば、これらの定型文は使用しないほうがいい。本当に伝えたいことではないからだ。伝えたいことは、挨拶ではなく本文にある。

ただ、このような挨拶文が慣例になっている場合はそうもいかない。そこで、短時間で入力するための事前準備をしておこう。

活用したいのは「ショートカット」や「単語登録機能」だ。

その都度、挨拶文を入力するのは時間のムダだ。とくに、タッチタイピングができない人は、ショートカットを活用したい。

パソコンやスマートフォンには、単語登録機能がある。これを活用すると、「お」と入力しただけで「お疲れ様です」などと出力できるように設定できる。入力時間が大幅に短縮され、労力も軽減される。

ちなみに、どうしてもパソコンやスマートフォンの操作が遅いという人は、電話してもいい。自分にとって最速となる方法を採用することは、スピードアップの基本だ。

さて、私自身としては、**ショートカットを１００個ほど登録している。**パソコンとスマートフォンはともにMacなので、同期して使用している。

しかもこれからのショートカットは、参考となるものがウェブ上にたくさんある。使えるものはどんどん真似し、自分なりにカスタマイズしていくといいだろう。

一例を挙げておくと、「挨拶の定型文」「住所」「電話番号」「氏名」「アドレス」「ＵＲＬ」「待ち合わせに使うカフェ」などが効果的だ。

加えて、日頃からメールなどで活用している文面を確認し、登録できるものは積極的に登録していこう。入力が手間だと感じたものは、その場ですぐ登録する。それだけで、文章の入力は格段に早くなる。

鬼100則 34

企画書は手書きせよ

現代人の多くは、パソコンで資料を作成していることだろう。手書きで何かを書くことは少ないはずだ。

しかし私は、**仕事を高速化したい人にほど、あえて手書きをお勧めする。**とくに普段のメモは、パソコンやスマートフォンから手書きのノートに切り替えるといい。

その理由は、目が受ける光の違いにある。

本を読むときなどもそうだが、紙面を読むときに受ける光は「反射光」だ。紙に光があたり、反射することで書いてあることを認識できる。映画館の映像も同じ仕組みだ。

一方で、パソコンやスマートフォンは「透過光」である。文字を表示する端末（パソコンやスマートフォン）自体が発光し、画面を通して目に光が届いている。画面を透過しているから透過光だ。

このような反射光と透過光の違いは、情報に対する〝脳の受けとり方〟を変える。具体的には、分析的な思考をしたいのなら、反射光（紙）のほうが向いている。たとえばパソコンで入力した文字を印刷し、紙でチェックしてみると、ミスを発見しやすいということがある。これはまさに、反射光と透過光の違いによるものだ。

反射光のほうが分析的な思考ができるため、**確認はプリントアウトしたうえで行うなど、習慣化するのもお勧めだ。**そうすることで、ミスの削減につながるだろう。

同様に、アイデア出しにおいても紙を活用したい。企画書の作成などはまさにアイデアが必要なので、ノートに手書きすることからはじめるといい。アイデアが固まったら、清書をパソコンで行えば問題ない。

ちなみにノートの効用は、反射光がもたらすメリット以外にもある。それは自由度が高いことだ。事実、オフィスソフトを使用して文章を作成すると、左端から書くのが基本となり、どうしても制約がある。そのため決まりきった文章しか書けない。

一方、ノートであれば、どこから書いてもいい。文字だけでなく図や表、イラストを描くこともできる。自然とアイデアが広がりやすい。

そのように、脳の構造やノートの性質を理解しておくと、より効率的に使えるようになる。まずは、資料作成の最初の５分を「ノート＋手書き」に変えてみよう。

鬼100則 35

中身で勝負する「TTP理論」

仕事が早い人は、**自分なりのやり方を見つける前に、先人の知恵を活用している。**過去のやり方を踏襲したうえで、自分なりにアレンジする。

一方で仕事が遅い人は、最初から自分なりのやり方でやろうとする。結果的に、先人と同じミスをくり返しながら、なかなか仕事のスピードが上がっていかない。

そのようなムダはなくすべきだ。そして先人の知恵、つまり「フォーマット（フレームワーク）」を活用していくという発想に切り替えよう。

たとえば、大学受験で数学の問題を解いているとしよう。あなたはまったくのゼロから、その問題を証明しようと思うだろうか。

いや、あなたも公式を使うはずだ。先人の知恵である公式を使うかのように、仕事でもフォーマットやフレームワークを積極的に使えばいい。

ただし、使用できるフォーマットは、他人の特許や商標を侵害していないことが前提だ。

あくまでも、オープンソースのものを選択していこう。

オープンソースのいいところは、いわゆる「車輪の再発明」と同じように、開発に携わるさまざまな人の知見が盛り込まれていることだ。加えて、改良が重ねられている。

企画書などもそうだ。どうしても資料作成に時間がかかってしまう場合、上司や先輩の企画書のデータをもらおう。中身が重要なのに、中身に時間をかけられなければ、本末転倒だ。

そのほかのフォーマットの活用も同様だ。すでに優れた文面があるのなら、それを他人の権利を侵さない範囲内で活用する。挨拶の定型文などは、まさにその代表例だろう。

仕事上で使えるフォーマットとしては、プレゼンテーション用のパワーポイントなどがある。ゼロからつくるのは時間がかかるし、いいものができるとは限らない。優れたフォーマットがすでにあれば、積極的に活用しよう。

とくに資料などは、その構成に着目したい。たとえば、「表紙」「目次」「本文」「結論」「補足資料」など、**優れた資料には一定の構成がある。**オリジナルを追求するのではなく、そのような構成を参考にしよう。

鬼100則 36

一流は「リードタイム」を制する

仕事は他人との関わりの中で行うものだ。すべてが自分都合で進められるわけではない。たとえばメッセージのやりとり。メールの場合、どうしたって相手の返信を待つ時間が発生する。いわゆる「リードタイム」だ。

ほかにも、リードタイムになるものは存在する。社内で企画書を作成し、それを上司や役員にチェックしてもらうのなら、許可が降りるまでは企画を進められないなどだ。

しかし、許可が降りるまでただ待っているのは時間のムダだ。時間管理は自分の責任である。**リードタイムすら、自分の責任で操る**ことを念頭に置き、別の仕事を進めよう。他の企画を考えてもいい。

もちろん、リードタイムを使って休憩するのもありだ。むしろ、いつも元気でエネルギッシュに見える人ほど、細切れの時間を使って休憩しているものだ。

仕事を手早く処理するには、一定の集中が必要だが、当然疲れていたら集中できない。

休憩を上手にとることも、スピードアップに直結する。

少なくとも、ただ待っているだけの時間は誰のためにもならない。誰も幸せにしない。流れていく時間を自らコントロールしようとしなければ、時間はどんどん垂れ流れていくだけである。

たとえば、ニュースアプリを見る、あとで見ようと思っていた資料を見る、デスクトップを整理する、ショートカットキーの登録をするなど、細切れ時間でできることは多くある。

意識的・無意識的にメールの返信を待ってしまっている人は、まず、メールを待つのを止めよう。メールのことを忘れて、目の前の仕事に集中するのだ。

また、企画会議や役員会議の決定がなければ前に進めないときは、別の仕事に目を向けよう。周囲を見渡せば、やるべき仕事は他にたくさんあるはずだ。優先度の高いものから着手していこう。

リードタイムを自分の責任で操れるようにすれば、使える時間は増えていく。その結果、仕事のスピードもクオリティも高まっていくだろう。

「損切り」はスキル

ムダな作業をすればするほど、あなたの仕事は遅くなる。損切りは自らの成長に欠かせないスキルだが、仕事の高速化にも役立つ。

ときどき、「損切りするのが怖くて……」という人がいる。気持ちはわかる。損切りすることによって何かを失う気がするからだ。

しかし損切りは、慣れてしまえば誰にでもできる。損切りは能力であり、スキルなのだ。スキルだからこそ、上手な人とそうでない人がいる。両者を分けるポイントは、**より大きなサンクコスト※を許容できるかどうか**にある。

たとえば、「1時間やって何の成果も生み出せなかった」というのは、たしかに時間の無駄遣いではあるが、失ったものはそれほど多くない。しかし、「1か月かけて成果ゼロ」だと、失うものは大きいだろう。

これを人間関係に当てはめるとどうなるのか。具体的には「10年以上の付き合いがある

※サンクコストとは、一つのことをするのにお金や時間を費やすが、回収できずにムダになってしまうコスト（お金や時間）のこと。

人間関係をサンクコストとしてとらえられるか」ということになるだろう。

10年以上にわたる人間関係は、それだけの期間と労力を投資していることもあり、容易には切りがたい。しかし、それをサンクコストとしてとらえて切り、新たな関係性を築く努力ができるかどうか。

そこに、損切りのスキルがある。

また、別の視点で考えると、「定年まであと10年」をどうとらえるかというのも大事だ。定年までの残り10年を我慢するか、定年まで保障されている現職を損切りしてまで、転職や独立をするのかは、難しい判断だろう。

しかし、そこで思い切ることができなければ、自分が本当にやりたい仕事に就くことはできない。**何かを実現したいのなら、もったいないとも思える選択肢を切り捨て、自ら目指す道を歩んでいく必要がある。**つまり、サンクコストを切らないとはじまらないのだ。

もちろん、判断の軸となるのはお金だけではないだろう。自由な働き方ややりがいかもしれないし、家族との時間ということもある。何を優先したいかによって、決断は異なる。

いずれにしても、時に大事なものを捨てる決断ができない人は、自分を変えられない。より人生を加速させたいのなら、損切りのスキルを高めよう。

鬼100則 38

紙の資料は残さず捨てろ

紙の優位性については、反射光と透過光の違いでも比較した。ノートに手書きすることは、パソコンやスマートフォンに頼りがちな現代人にとって大事なことだ。

ただ、**資料として使用した後の紙については、あえてとっておく必要はない。使い終わったのなら、どんどん捨てていこう。**

紙の資料を捨てられないという人がいる。捨てられないと、どんどん資料は溜まっていく。その結果、自らのスペースを侵食することになる。

仕事が早い人は、使わない資料を溜め込んで、自らの環境を悪化させることはしない。使わない資料はどんどん捨てていく。新陳代謝が良好だ。

もちろん、仕事で使用する資料には「いつか使うかもしれない」というものも多いだろう。そのようなものは、データとして保存しておけば事足りる。

すでに使用している資料の大半は、どこかにデータがあるものだし、なければスキャンしておけばいいだけだ。紙でとっておく必要性は乏しい。

私の経験としても、「いつか役に立つかもしれない」という資料をとっておいて、使えたためしがない。とくにビジネス関連の情報は、大抵のものがすでに古びている。古びた情報に価値がないのと同様に、古くなった資料にも価値はない。インターネット上には膨大な情報があり、クラウドに蓄積することもできる。紙で保存しておく意義はないのだ。

もし、わざわざ紙の資料を見返すぐらいなら、その場で覚える努力をしよう。あるいは、ネット上やクラウドなど、どこに保存されているのかを覚えたほうがいい。保存に時間と労力をかける必要はない。

法的な観点から捨てられないものは仕方ないが、そうでないものは、すべて「捨ててしまって大丈夫」と思うようにしよう。捨てることも一つの決断だ。「捨てていい」と自分に言い聞かせよう。

捨てられないのは、決断できないのと同じだ。決断を先延ばしにしているからこそ、タイミングを逃してしまう。チャンスをつかむためにも捨てる習慣をつけていけばいい。紙は捨てる。絶対に大丈夫。徹底しよう。

鬼100則 39

スピードでクオリティを高める

仕事のスピードを早くすると、「クオリティが下がってしまうのではないか」と心配する人がいる。しかし、それは大きな誤解だ。

むしろ、仕事のスピードが早まると、仕事のクオリティは上がると考えよう。

そもそも、仕事をゆっくりやればいいものができると考えること自体、間違いだ。時間をかければいいものができるとは限らない。

誰しも、締め切りギリギリになって慌てて作成した課題が、思いのほか、いい出来だったという経験があるだろう。その一方で、時間をかけたわりに不出来だったこともあるはずだ。

それと同じように、**仕事のクオリティもまた、かけた時間に比例するとは限らない。**あなたは、時間をかければかけた分だけ、よくなると思っていないか。むしろ早くスタートし、早く提出し、早くレスポンスを受けて、早く改善したほうがいいのだ。

そうすることで、より早く、よりいいものを生み出していける。

ある選択肢を与えられたときに、その場で判断した選択と、１週間かけて選んだ選択は8割がた変わらないという理論がある。

選択自体に正解はない。その後の実行・継続のほうが結果を左右する。

ほとんどの業務には、絶対的な正解がない。時代は変わり、環境も変わり、人々の評価も変わっていく。**ボールを持っているだけではいいものを生み出せない**のだ。

また、アウトプットのスピードが遅いと、それがリスクにもなる。とくに現代は、あらゆるものが急速に変化している。遅くなればなるほど、チャンスはなくなっていく。

たとえば、スマートフォンアプリの開発を計画したとき、10年後の完成を目指すのはナンセンスだ。10年も経てば、トレンドは大きく変わっている。現時点での計画など意味をなさないだろう。

時間をかけることに特別な意味がないのであれば、スピードを速めるのがベストだ。スピードを上げれば上げるほど、クオリティも高まっていく。スピードとクオリティはセットなのだ。

事前の仕込みがすべてを決める

仕事のスピードは、事前の仕込みが左右する。

事前の仕込みができている人は、仕事をスピーディにこなし、事前の仕込みができていない人は、仕事が遅い。シンプルな因果関係だ。

たとえば料理で考えてみよう。プロの料理人は、「焼く」「煮る」「蒸す」などの調理をする前に、必ず下ごしらえをする。そうしなければ、手早く美味しい料理をつくれない。

しかも、事前の仕込みをしつつ、実際の調理をしながらさらに次の準備もしている。そのようにして、事前準備を積み重ね、効率的に美味しい料理をつくっているのだ。

仕事も同じである。あらかじめ資料を用意し、読み込んでおけば、会議の場でも積極的に発言できる。お互いに建設的な議論がしやすくなるだろう。

プレゼンテーションをするにしても、事前に練習を重ねている人は、自信を持って発表できる。準備不足のたどたどしいプレゼンとは大違いだ。

準備に時間をかけていない人ほど、自らの仕事を難しくしてしまっている。限られた時間で無理に行動したり、考えたりする結果、打つ手が制限されていくのだ。

それでは、いい仕事ができるはずもない。

資料作成においても同様だ。真っ白の紙にいきなり何かを書こうとしても、何を書いていいのかわからず、途方に暮れるだけだ。報告書などもそうだろう。

そこで、いきなり紙に向かうのではなく、事前準備としてアイデア出しをしてみる。アイデアから企画や構成を徐々に固めていけば、少しずつ書くべき内容が見えてくるだろう。それも仕込みの一環だ。

どんな仕事でも、まずは、どのような仕込みができるのか考えることからはじめよう。

仕事を分解し、全体像を把握したうえで、どのような準備をしておけば有利に進められるのかを検討するのだ。あとは、その仕込みを習慣化すればいい。

ただし、あらゆる仕事の仕込みが目に見えるものとは限らない。中には仕込みが見つけにくいものもあるだろう。それを見極めるには経験が必要だ。

目の前にある〝見える仕事〟だけをしていると、本当に必要な仕込みは見えてこない。あなたの仕事にとって重要な仕込みとは何か。とことん掘り下げてみよう。

第 3 章

Communication
～鬼伝達～

私たちは皆、互いに助け合いたいと思っている。人間とはそういうものだ。相手の不幸ではなく、お互いの幸福によって生きたいのだ。

チャップリン

あなたの話し相手は、あなたのことに対して持つ興味の100倍もの興味を、自分自身のことに対して持っているのである。

デール・カーネギー

鬼100則 41

会議・打ち合わせは「GAT」で進めろ

会議や打ち合わせを効率的に進める「GAT」というフレームワークがある。それぞれ、G（ゴール）、A（アジェンダ）、T（タイム）の頭文字をとっている。詳しく見ていこう。

① G（ゴール）のポイント「何ができればOKなのか」

まず会議の前に、「なぜその会議をやるのか」「何ができればその会議は成功なのか」「決定をしたいのか、アイデアの数を増やしたいのか」など、会議の目的を言葉で定義する。ゴールや目的が明確ではない会議は、会議自体が改善されない。その場に集まってからゴールを説明するのは時間のムダ。会議では依頼時点で「何ができればOKなのか」を伝える。呼ばれる側もどんどんゴールについて聞くのがマナーだ。会議のゴールをホワイトボードなど、みんなが見えるところに書いておくと脱線しても戻れるのでお勧め。

② A（アジェンダ）のポイント「議題は明確か」

アジェンダは「議題」を意味する。その会議内で、何の課題項目をどのような順番で話すのかを伝えることが重要。たとえば商談をする際には「所属部署の目標とミッション」「現状（定量と定性）」「質問や相談したいこと」などのアジェンダが考えられる。

アジェンダは箇条書きでも、メモ程度に単語を並べるだけでもいい。とにかく事前に書き出しておくことでお互い準備ができる。

③ T（タイム）のポイント「時間を守っているか」

「開始と終了」を守るのがポイントということ。次のようなパターンは避けたい。

・上司や会議のオーナーが時計を見て「あ、時間がすぎてる！」とあわてる
・次の予定や会議がある人が、あわてて部屋を出ていく
・その議論で何も決まらず、次のアクションも決まってない

もちろん、時間内に議論が終わりそうにないときもある。ここでお勧めの方法がある。

それは5分前になったら、次を決めること。「残り時間も少なくなってきたし、今後の進め方をどうしようか」と発言することだ。次回の日程を決めたり、宿題を確認し「アクションにつなげる」のだ。時間調整はその場で行うと、結果的に調整の時間が減るので効率的。

GATの原則は「事前に伝える」こと。仮に事前に渡せない場合でも、会議がはじまる直前にゴールとアジェンダを伝えるだけでいい。それだけでも生産性のある会議ができる。

鬼100則 42

ホウレンソウは2・5・8

仕事をするうえでは、周りの人を巻き込む方法を持っているかが大事になる。

このように書くと、どんなすごい方法なのかと思うかもしれないが、「ホウレンソウ（報告・連絡・相談の略）」をバカにせず、まずは内容がしっかりとしているか、自問してほしい。

仕事のスピードが速いと言われ、周囲と円滑に仕事を進める人は、この**ホウレンソウのタイミングに気を配っていたりする。**

私の場合、相手のためというよりも、「2・5・8」のホウレンソウのリズムで仕事の型が出来上がっており、結果として、自分にとっても相手にとってもいいようにまわっている。

「上司が望んでいるタイミングで報告」することは、一見当たり前で基本的な考え方だが、多くの人がホウレンソウのタイミングの認識が上司とズレている。「あの仕事どうなっている？」と聞かれてしまう。

とはいえ、はじめから上司が望むタイミングをつかむのは、最初は難しいかもしれない。

オススメは**「２割報告」**を心がけることだ。

とにかく着手して２割の段階で報告して、相手と方向性を確認し、必要に応じて軌道修正をかけていく。こうして「やり直し」による時間のロスが抑えられる。

２割とは、資料作成であればアジェンダやレイアウト作成などの状態と考えていい。

そして、過去を振り返ってみれば、過去にしてしまったミスは大抵「ホウレンソウ」のタイミングのズレに起因していた。

私はどうしても自分１人で完璧なアウトプットを出したくて、報告が後手後手になり、納期のずれなどをよく起こしてしまっていたのだ。

その反省から、**２割の段階で確認して、半分できた５割の段階とほぼ完成が見えてきた８割の段階で報告という「２・５・８」のリズムでのホウレンソウ**を心がけている。

そのリズムを刻むために、最初の「２割報告」が大事だというわけだ。

最近ではホウレンソウの他に、「ザッソウ（雑談・相談の略）」という言葉もうまれ、重要だといわれている。雑談そのものが大事というより、雑談が気軽にできる関係性をつくることが、ホウレンソウの抜け漏れを防ぐことにつながるということだろう。

鬼100則 43

受信者責任と発信者責任をわきまえる

「受信者責任」と「発信者責任」という概念がある。「受信者責任」とは、情報の受け手側（聞き手）が理解できなかったことに責任があるという考え方で、「発信者責任」とは、情報の伝え手側（話し手）の伝え方の技術不足による責任という考え方である。

ある組織では、「ちゃんと理解できなかったほうが悪い」「その場で質問しなかったのが悪い」と、受信者責任の風潮があった。組織内でコミュニケーションの方針が決まっているのはいいことだが、受信者責任の場合、発信者側の改善がされづらいのがネックだ。

仕事とは、アウトプットを生み出すことである。**アウトプットの品質を高めるためには、発信者責任で改善をくり返す必要がある。**

「部下は動かせるけど、上司を動かすことができない」

「上司は動かせるけど、部下を動かすことができない」

そんなビジネスパーソンは存在しない。上下に得意・不得意はあれど、人を動かすことには共通の要素が存在する。それは**相手の立場で考えること**である。相手に対して、どうすれば望んだアウトプットが出てくるのかを考え、コミュニケーションをとることが求められる。発信者責任で自身のコミュニケーションを改善するのである。

とくに、自分よりレベルの低い人に対しては、文字でも残すことがマナーである。

「これ前にも言ったよな」という指摘は、お互いに落ち度がある。何を言ったかではなく、どのように伝えたかが発信者責任の考え方である。受け手のレベルが低いのに、難しい依頼をしてしまった自分を反省すべき。

反対に、**自分よりレベルの高い人に対しては、熱量をセットで伝えよう。**メールだけでは動いてくれない上司が、この世の中にはたくさんいる。それは日本に限った話ではない。「いや、私はちゃんと伝えました」「テキストでも言葉でも伝えました」という気持ちはわかる。でも、同じコミュニケーション方法で、実際に動いてくれる人と、動いてくれない人は確かに存在する。その違いは何か。その人にとって適切なコミュニケーション方法を選択したか否かだ。

本当は、自分の伝え方の問題じゃないのかもしれない。ただ、自己責任で考えないと進歩はない。自分自身を進化させるほうが、早く理想に近づけるし、そちらを選択するべきだ。

鬼100則 44

上司を握れ

評価には「自己評価」と「他者評価」の2つの軸がある。

大前提として、仕事は他人から「評価」されて初めて「成果」とみなされる。すべての仕事は自己評価ではなく、他人からの評価によって価値が決まる。**「頑張ったのに報われない」という状態は、他人からの評価という視点が抜けている**可能性がある。

むろん、「別に他人の評価のためにやっているわけではない」という意識は問題ない。ただし、他人からの評価で物事の多くは決まってしまうことを忘れてはならない。

あなたのこれまでのキャリア（学歴含む）には、すべて自分以外の誰かの評価が含まれている。独立しても会社員であっても、これからのキャリアもそうだ。

勝ち負けがはっきりしているスポーツなどの場合、「1位、2位」に対する評価はわかりやすい。ビジネスだと営業職なども同様。売上の数字などは結果としてわかりやすい。

しかし、あなたの周りに結果以上に評価されている人はいないだろうか。結果の出やすいポジションに配置された同僚はいないだろうか。何が贔屓《ひいき》につながっているのだろうか。

これらの疑問に対して、すべての組織に当てはまる答えはないが、他人からの評価を勝ちとるルールは存在する。それは**「何をしたら評価してくれるのか？」「どのような結果を出せば役職がつくのか？」など、条件を上司に聞くこと**だ。あるいは、条件を提示したうえで、約束をとり付けてもいい。何を隠そう、私自身が上司から約束をとり付け、目標を達成して、実際に複数社で平社員から取締役へと昇進してきたのだ。

若くして出世した人は、上司とこのような約束をしていることが多い。〝上司と握る〟ための行動をとっている。たしかに、「頑張っていればいつかはチャンスが来る」が、ルールを理解しているのと知らないのでは、同じ頑張るでもスピード感が違う。

他人の評価をコントロールすることはできないが、評価の構造を理解することはできる。昇進のために必要な条件は、ググッても出てこないため、自ら確認する必要がある。

昇進したいのなら、上司にその方法を聞いてみよう。昇給したいのなら、給料を決める人と約束をしよう。それが、最短距離で昇進・昇給するための近道だ。無論、それがすべてではない。ただ、偉くならないと通せない自分の意思も事実存在する。

あなたの頑張りを無駄にしないためにも、ローカルルールの把握に努めよう。

鬼100則 45

上司との定例MTGを設定せよ

上司との定例会議の目的はただ一つ、上司が何を求めているかを知ることだ。

2割報告（進める方向性を先ににぎる）と直接相談（膝を突き合わせる回数を増やすこと）をしているが、「結論から話さなくてもよいですか」と伝えてから、つらつらと話す。

なぜ、こうしているかというと、「きちんと話そう」「形になってから報告しよう」「結論をまとめてから話そう」ということよりも、大事な原則を知っているからだ。

昇進したいなら、上司からいい評価を得なければならない。基本的に直属上司を抜きにして昇進することは難しいため、上司との関係性を理解することが出世の近道となる。

ただし、上司との関係性を理解すると言っても、上司に媚びを売ることではない。

上司と視点（ベクトル）を合わせることが原則となる。上司には与えられた役割がある。仕事のやり方や経営陣との距離をふまえたうえで、どんな成果を目指しているのかを共有すれば、上司からの評価も得られやすくなる。

上司と視点を合わせるために「定例ＭＴＧ（ミーティング）」は欠かせない。上司がどのような課題を持っているのかを聞き、つねに課題を共有していけば、利害が一致しやすくなる。つまり、自分のための行動が上司のためにもなるのだ。

ある程度の成果を上げているのに昇進できないのなら、行動が独りよがりになっていないか。**たとえ正しい行動をとっていても、上司の考え方と一致していなければ、残念ながら、直接的な評価には結びつかない。**

会社の規模によっては、経営陣への直接的な提案が効果的な場合もある。

さらにその先を目指したいのであれば、経営陣に直接的な提案をすべき。将来的に経営メンバーに入りたいと希望しているのなら、なおさらだ。会社の経営メンバーになるためには、現在の経営陣の頭の中にパッと浮かぶような優れた人材にならなければならない。

そのためには、提案というかたちでアピールするのが効果的だ。

たとえば、会社の成長を促すために新しい部署の立ち上げを提案するのも一つの手だ。その部署を任せてもらい、結果を出すことができれば、経営メンバーに抜擢される可能性がある。自分がどのレベルの出世を目指しているのかをふまえて、アプローチ先やその方法を検討することが大事。

鬼100則 46

会社の改善点を15個書き出す

同期社員や同僚は、皆一様に頑張っている。

そんな中、頭一つ抜き出るためにはどうしたらいいのか。頭一つ抜き出るためには、通常業務をこなしているだけではダメだ。では、何が必要なのか。

ここでのお勧めは、**会社の改善点を提案すること**である。個人の評価と会社の成長とを結びつけるために、最も効果的な行動が「提案」活動だ。

とくに、所属している部署の改善点を提案することは、業績に直結し評価につながりやすい。具体的には、自分の部署の改善点をまとめて、提案書を作成してみることだ。立派な資料でなくていい。A4の紙に箇条書きでかまわない。

書き出す改善点は15個を目安にしよう。3個では少なく既視感のあるアイデアしか出ないが、15個程度展開することで、普段、目が行かない事項まで思考が行き届く。

出世を望む人はもちろん、そうではない人もぜひ、これをしてもらいたい。

改善点を探し続け、思考すること自体が自らの経験資産となるし、どんなポジションでも通用する問題発見スキルを磨くことにつながるからだ。たくさんアイデアを出して、結果的に3つに絞ってもいい。企画提案とは「(アイデアを) 広げる&(実現可能な形に) たたむ」が基本動作だ。

項目としては**「何を（アイデア）」「いつから」「誰がやる」「懸念事項と打開策」**の4点を押さえていればいい。項目を増やしすぎると手が止まりかねない。

たとえば、次のような形だ。「YouTube のビジネス活用」「来月から」「自分が責任者」「導入コストを抑えるため、まずは自部門の営業活動の一環として、手持ちのスマホで行う」。

小さなことでもかまわないが、最小工数で最大成果を目指せる提案が望ましい。実現できなかったり、成果が測りづらい施策に価値はない。実現性が何より重要だ。なぜそれが必要かなどの項目もいらない。説明が必要な施策はおそらく見当違いだからである。

実現性をさらに高めるために、**責任者を「自分」と記載しよう。**他の人を巻き込む必要があったとしても、自分が責任を持って施策を実行するという意思表示をするのだ。

自らが責任を持って推進していく覚悟を持ち、提案して推し進めれば、あなたの評価も飛躍的に向上していくだろう。

鬼100則 47

事実と解釈を分けると議論が前に進む「空、雨、傘」

事実が何であるのかわからないまま、「私はこう思う」「いいや私はこうだ」などと、お互いに好き勝手なことを言っているケースをよく見かける。

これでは、いつまで経っても議論は平行線である。土壌が整っていないから芽が出てこない。

だからこそ、まず土台となる事実を確認しておくこと。良好にコミュニケーションをしたいなら、〝事実〟の確認は必須である。お互いに事実が何であるかを確認しておかなければ、建設的な議論の土台はつくれない。

ただ、〝事実〟を確認したうえで議論を重ねるが、最終的な決断については〝解釈〟の問題となる。**事実を踏まえ、どのような解釈で決断するのかが、意思決定のポイントとなる。**

たとえば、ある事業に1億円投資したとしよう。得られたリターンが80％であった。これらは、議論の前提となる事実である。

このような事実があることを踏まえ、「80％であれば成功だ」ととらえるか、あるいは「せめて90％なければ失敗だ」ととらえるのかは、まさに解釈の違いである。解釈の違いが、決断の違い、とるべき行動の違いとなるのだ。

つまり、**議論の土台となるのは事実だが、決断は解釈の違いに基づく**ということである。コンサルティングのフレームワークに「**空、雨、傘**」というものがある。「空を見て、雨が降りそうだと解釈し、傘を持っていく」というロジックのことだ。

このロジックには、「事実があり」「事実を解釈し」「その解釈から実行する」という流れがある。この順番が大事だ。

単純に、「雨が降りそう＝傘を持っていく」と考えてはいけない。雨に対するソリューションは「雨合羽を着ていく」「クルマで行く」「そもそも外出しない」など、さまざまだからだ。つまり、「雨が降りそうなら傘を持っていくのが普通でしょ？」というのは個人的な〝意見〟にすぎない。〝事実〟ではなく〝意見〟を土台にすると、議論は平行線をたどることになる。議論がかみ合わないというのはつまりそういうことだ。

そうならないよう、事実からスタートする。そして、事実から解釈し、解釈から決断する。この手順で議論を進めよう。

解釈を共有するための「視点」「視座」「視野」

事実をベースに議論を進め、最終的な決断は解釈によって行う。その解釈を共有するために押さえておきたいのが**「視点」「視座」「視野」の3つ**だ。

視点というのは、物の見方である。ある対象を、どのような角度から見るのかによって、視点は変わっていく。

たとえばある会社を評価する場合、社歴を見るのか、売上高を見るのか、代表者を見るのかによって解釈は異なるだろう。現在で見るのか、未来で見るのかという違いもある。それが視点の違いだ。

視座というのは、見る人の立場に違いがある。会社を評価する場合でも、従業員として見るのか、経営者として見るのか、あるいは投資家として見るのかによって解釈は異なる。視座の違いは立場の違いなのだ。

従業員の視座でその会社を見ると、「楽しそう」「働きやすそう」「待遇がいい」などの評価になるかもしれない。

しかし、経営者の視座で見ると、「どんなビジネスモデルなのか」「どういう採用をしているのか」「どこを競合相手ととらえているのか」などが評価のベースになるだろう。

さらに投資家の視座からすると、「営業利益はどのくらいか」「利益率はどうなっているか」「アップトレンドかダウントレンドか」など、見るべきポイントは変わっていくのだ。

そして、視座によって視野が変化する。そもそも**視野は、見る範囲の違い**である。

たとえば従業員であれば、似たような業種・業態の範囲でしか会社を見ないかもしれないが、経営者は市場全体でその会社を位置づけているかもしれない。あるいは投資家であれば、日本国内、あるいは世界全体を基準に見ることもあるだろう。

また視野に関しては、解像度も問題になる。さまざまな企業を幅広く比較検討している投資家の視野はクリアであることが多い。一方で経営者は、社外と社内の両方を見ている。従業員の解像度が高いのは社内が中心だろう。

このように、解釈には「視点」「視座」「視野」という3つのポイントがある。相手がどのような視点・視座・視野を持っているのかを考えるようにすると、コミュニケーションはより円滑になるだろう。

鬼100則 49

「私はこう考えますが、あっていますか？」と聞く

上司に何らかの質問をするとき、「私は何をしたらいいですか？」と聞く人がいる。そのような聞き方は大問題だ。

なぜなら、「私は何をしたらいいですか？」という質問には、自分の考えがなく、相手の回答に１００％委ねることになるからだ。

仕事は決断の連続である。どんな仕事も誰かが最終的に決断をしなければならない。誰が決断をするにしろ、私たちは**決断の質を高めるコミュニケーションをする**必要がある。

たとえ、あなたが新入社員であったとしても、自分の頭で考えるようにしよう。

たとえば、５人で編成されたチームがあったとしよう。そのうちの一人はリーダーだ。

ただ、残りの４人がそろって「私は何をすればいいですか？」と聞いてしまったら、リーダーだけが5倍も頭を使うことになる。

一人の人間が5倍も頭を使っている状態は非効率的だ。何より、チームとしての生産性

が上がらない。あらゆる仕事に頭脳労働が求められる今、５人中４人が思考停止では、チームとしてスケールアップしないのだ。

何より問題なのは、似たような判断がくり返されてしまうことである。リーダーであっても、万能ではない。リーダーの考えのみが行動に直結すると考えると、恐ろしくないだろうか。

そこで、上司に質問する際には、質問するだけでなく自分の考えも伝えるようにしよう。具体的には、**「私はこう考えていますが、あっていますか？」**というスタンスをとるのだ。

この問いには、前提として自分の考えがあり、その考えについてのヒアリングをするという意向が含まれている。まさに能動的な質問だ。

能動的な質問を習慣化すると、上司の負担を減らせるだけでなく、チーム全体としても決断の質が高まる。各人の思考が反映されるためだ。さらに当人には、自分で考えて行動するスキルが身につく。

質問は、「私は何をしたらいいですか？」ではなく、「私はこう考えていますが、あっていますか？」に変えていこう。

雑談は回数

コミュニケーションは、特別な場にのみ発生するものではない。ごく日常的なものだ。日々のちょっとした積み重ねが大事である。

たとえばあなたは、廊下で誰かとすれ違ったとき、どのような挨拶をしているだろうか。おそらく、「こんにちは」「お疲れ様です」などと言い、会釈しているだけだろう。

日本人はシャイなので、こんな人が多い。だからこそ、そこにチャンスがある。

たとえば、声掛けと会釈に加えて、一言二言、何か話してみてはどうだろうか。つまり、**わずかな時間を利用して雑談をする**のだ。

実は、この雑談をできない人が多い。単純に話すことがないだけかもしれないが、わずかな時間で雑談ができるようになると、相手に与える印象は大きく変わる。

逆の立場になって考えてみてほしい。いつも挨拶だけしかしない人と、話しかけてくれる人とでは、印象が違うのではないだろうか。

取引先とのやりとりでも同様である。いきなり商談に入るより、ちょっとしたアイスブレイクを入れるだけで、場の雰囲気は大きく変わる。お互いにリラックスできるのだ。

また、ちょっとした雑談をすることは、頭を働かせる練習にもなる。雑談というのは、あらかじめ質問事項やネタを用意しておかなければうまくいかない。普段から考えているからこそ、アドリブが冴えてくるのだろう。

とくに**ビジネスシーンでの雑談は、「相手が何を求めているのか？」を探るきっかけと**したい。「いい天気ですね」から会話を広げていくのはいいが、天気の話ばかりしていても相手が求めていることはつかめないだろう。

そうではなく、「この前ブログ書いていましたね」「ＳＮＳでこんな発信をされていましたね」など、相手の活動を軸に話を展開してみてはどうだろうか。それだけでも、相手が求めていることを想像する練習になる。

「ご出身どちらでしたっけ？」という質問も有効だ。相手の出身地について何か知っているなら話がはずむし、知らなくてもその情報をインプットできる。そうすれば、次の雑談に活用できるだろう。

雑談は、質問力と情報収集力を高めることにつながる。積極的に行おう。

鬼100則 51

人脈を再構築する

コミュニケーションはやり方だけでなく、「誰とするのか」も大事だ。誰とどのようなコミュニケーションをとっているのかによって、自らの成長度合いも変わってくる。

とくに人脈という観点から考えると**「誰と付き合うのか」ということを、より真剣に考えるようにしたい**。なぜならそれが、あなたの人脈を形成するからだ。

最も多くの時間を共有している上位5人が、その人の人脈レベルと言われている。つまり、周囲にいる5人の顔を見ると、あなたのレベルもわかるというわけだ。

とくに**「価値観」のレベルがわかりやすい**。周囲にいる5人が持っている価値観は、あなた自身の価値観に影響を及ぼしている。単純に似通ってくると考えていい。

たとえば、特定のニュースに対する解釈は人によって異なるが、周囲5人とあなたの解釈はそう違わないはずだ。世の中の動きに対してどのような身の振り方をするのかについても、同様である。

価値観が似通っていると、必然的に、職業や年収も近くなる。物事に対する考え方が似ており、それが仕事やそのスピード感にも影響しているためだ。

これを逆に考えると、キャリアアップや能力向上を実現するための知恵が浮かんでくる。**自分がなりたい人物像や職業、実現したい年収などがあるのなら、そのような人々と交流したほうがいいという考え方である。**なりたい人と交流することで、徐々に価値観やスピード感も近づいていくものだ。

たとえば、英語を話せるようになりたいのなら、教科書で学ぶより、英語を話している人々のそばに行ったほうが早い。つまりは留学だ。留学が言語習得に最適であることは周知の事実だ。

それはすなわち、環境を変えるということである。環境を変えれば、自ずと自分も変わらざるを得ない。強制的に自分を変えたければ、環境を変えればいい。

人脈についても同様だ。環境というのはつまり人である。環境を変えれば人が変わる。人が変われば、環境が変わるのだ。ヤドカリが貝殻を変えて成長するかのように。

まずは、現在の人脈を書き出してみよう。そのうえで、付き合う人を見直し、人脈を再構築していこう。

鬼100則 52

「小さな約束」を仕掛ける

新しい関係構築を行う際には、**「小さな約束」を設定することからはじめよう。**小さな約束をすると、必然的に、それを守らざるを得なくなるためだ。

たとえば、「明日お会いしましょう」「何時にしますか?」「12時にカフェで」という約束をしたとする。その約束をきちんと守れば、1つの約束を果たしたことになる。それだけで、お互いの関係性は一歩前進だ。

必ずしも、最初から大きな約束をする必要はない。大きな約束をしても、守れなければ意味がない。むしろ、守れる範囲の小さな約束を積み重ねていこう。

約束を積み重ねることで関係性を構築していくには、それなりの数も必要だ。

たとえば、60分の会話の中で、10個の質問と10個の回答を相互に行ってみる。それもまた、相手からの求めに対する応答になるだろう。

そもそも**約束というのは、相手の期待に応えることである。質問をして回答を得る、あ**

るいは質問されて回答することもまた、一つの応答なのだ。

セミナーや講演などに参加したときのことを思い出してみてほしい。終盤に質疑応答の時間が設けられていることは多いが、そこでの応答で信頼が生まれることは少ない。なぜなら、応答の数が限られているからだ。

一方で、採用面接などは関係性の構築につながりやすい。質問と回答の応酬が一定数行われるため、結果的に、応答の数が多くなるからだ。

また、応答の数だけでなく、返答の中身も重要だ。聞かれていることに対して明確な回答をしない人は、相手の印象が悪くなる。相手からすると、達成したことによるインセンティブが得られないのだ。

コミュニケーションもまた、小さな約束の連続である。「質問と回答」に含まれる小さな約束を履行できない人は、対話の中で関係構築することが難しくなる。

約束を通じて、相手の達成意欲を満たそう。小さな約束が守れない人は、大きな約束も守れないと思われてしまう。そして大きな約束は、信頼関係なしには生まれない。

約束を守るコミュニケーションによって、信頼を勝ちとろう。

鬼100則 53

良質な情報をつかみとれ

コミュニケーションは双方向のやりとりだ。いくら「この情報がほしい！」と思っても、相手がそれを提供してくれるとは限らない。相手には相手の、伝えたいことがあるからだ。

では、どうすれば自分がほしい情報を引き出せるのか。ポイントは**「意思表示」**にある。自分がほしい情報に関することを、思うだけでなく、明確に伝えるのだ。

自分が求めている情報について意思表示することで、必要な情報の解像度が上がる。つまり、自分がどんな情報を求めているのかをクリアにできるのである。

たとえば私の場合、「学問をつくる」と言い続けている。そうすると、直接的だったり間接的に教育事業に携わっている人との出会いが生まれていくのだ。

もし月に100件の新しい出会いがあったとしても、何ら意思表示をしなければ、単なる100件の出会いで終わってしまうだろう。

しかし、「学問をつくる」という意思表示をしていれば、100件中どれだけの人が教育関連の事業に携わっているのか認識できるようになる。「あ、この人は教育事業を行っているあの企業の部長だ」というように。

意思表示をした結果、もともとのつながりから有益な情報がもたらされることもある。昔から知っている人が、「その分野に詳しい人を知っているよ」などと、紹介してくれる可能性もあるだろう。

また、**意思表示はアンテナの感度を高めることにもなる。**「クルマがほしい」と言うだけで、自分好みのクルマを目で追うようになるし、テレビや雑誌を見ていてもそのクルマに関する情報が自然と目につくようになる。

興味を持つだけでも変わる。私は「バイク」に興味を持ち、免許を取得したら、身近にあるバイクの情報がどんどん入ってくるようになった。やがて、エンジン音を聞くだけで、どのメーカーのバイクなのかわかるようにまでなったのだ。

興味を持ったり、意思表示をすることで、情報の解像度は上がる。思うだけでなく、誰かに言ったり、ブログやＳＮＳに書いたりなど、外に向かって発信していこう。

普段のコミュニケーションが、情報への感度を変えるのだ。

鬼100則 54

自分から価値をプレゼントせよ

ビジネスでは、紹介によって次の仕事につながることが多い。紹介を得られれば、ゼロから関係構築を行うことなく、スムーズにアプローチできる。

優秀な人ほど、紹介によって新たなつながりを得ているものだ。そうすることで、次から次へと流れるように仕事や人脈を獲得している。

ただし、紹介は向こうから自然にやってくるものではない。**紹介を得たいのなら、まず、自分から紹介すること**が大切だ。

自分のほうから積極的に紹介することで、新しいチャンスやきっかけ、あるいは情報が入りやすくなる。「返報性の法則」にもあるように、こちらから先に提供することで、紹介がもたらされるのだ。

とくに有益な情報は、他人とのつながりや紹介によって得られることが多い。クローズドな情報はまさにそうだが、オープンな情報も同様だ。

現代人は、新聞記事よりもＳＮＳに接していることのほうが多いだろう。そしてＳＮＳで流れる情報は、つながりによってもたらされる。それもまた、紹介がもたらす恩恵である。誰とつながっているのかによって、得られる情報は変わってくる。特定の分野の第一人者とつながっていれば、その人の発信から、有益な情報を得られやすくなる。

そのように考えると、**紹介によってもたらされるつながりは、自らの未来をつくると言える。**直接的な紹介はもちろん、その紹介から生まれる情報もまた重要なのだ。

優秀な営業マンの多くも、紹介によって、ほぼ自動的に顧客を獲得でき、それが好成績の維持につながっているのだ。新規開拓のみでハイパフォーマンスを維持するのは難しい。だからこそ、優秀な営業マンこそ、まず自分から何かを紹介している。紹介が紹介を生むことを理解しているため、戦略的に、まず自分から提供しているのだ。

もちろんこれは、紹介だけに限ったことではない。こちらから先に何らかの価値を提供することで、**相手からも価値がもたらされるのはビジネスの基本**だ。

そして、得られた紹介は喜んで受けるとともに、即日にお礼をする。お礼は杓子定規でも定型文でもいい。とにかく、感謝を伝えることが肝要だ。

こうした基本動作が、また次の紹介を生んでいくのである。

署名で差をつけろ

メールの署名を一工夫するだけで、同僚やライバル企業と一歩差をつけられる。多くの方がそれに気づいていない。今すぐに工夫しておこう。

具体的には、ブログのURLやSNSのアカウントをさり気なく入れておくことをお勧めする。それだけで、自分のことを知ってもらえる可能性があるのだ。

メールの本文はシンプルであるべきだが、署名にURLを追記するぐらいの工夫は問題ない。むしろ、話題をつくる仕掛けとなる。

仕掛けとはつまり「ツッコミどころ」のことだ。会社名と自分の名前しか入れていないと、次の展開にはつながりにくい。自分のことを十分に伝えられないためだ。

相手との関係性を深めるためには、情報交換の回数を増やすしかない。とくに、自分の情報を提示する場合は、あらゆる媒体を活用するといいだろう。

そうした活用も見越して、**ブログやSNSには、自分自身の人となりがわかる情報を盛**

り込んでおきたい。達成したい目標やビジョンなどを書いておくと、応援されやすくなるので、お勧めする。

普段のコミュニケーションでは、自らの目標やビジョンを語れるシーンはそう多くない。知ってもらえなければ応援してもらえないし、紹介が生まれることもない。面と向かって言いづらいというのもあるだろう。

だからこそ、署名をフル活用することが大事なのである。

ちなみに、このような署名を活用したコミュニケーションは、「Hotmail」や「iPhone」がビジネスとして行っているものだ。

たとえばHotmailから送信されたメールにはすべて、「Hotmailから送信されました」という文言が入るし、同様にiPhoneからのメールにも「iPhoneから送信されました」と記載される。それだけで、さり気ないアピールになるのだ。

とくに個人の場合は、**ツッコミどころを用意するようにしたい。**「何だろう?」「それってどういうこと?」などの反応が得られるような情報を、署名を通じて提示していこう。それだけであなたに関心を持ってくれる人は飛躍的に増えるだろう。

第4章

Healthcare
~ 鬼体調管理 ~

健康は最上の善であり、他のあらゆる善の基礎である。

デカルト

健康は実に貴重なものである。これこそ人がその追求のために、単に時間のみならず、汗や労力や財宝をも、否、生命さえも捧げるに価する唯一のものである。

モンテーニュ

健康も長寿も運命も成功も、極論すると、人生の一切合財のすべてが、積極精神というもので決定される。

中村天風

鬼100則 56

仕事とプライベートの境目はない

仕事とプライベートを明確に区別する人は多い。仕事は仕事、プライベートはプライベートと分け、それぞれの充実を図るという発想である。

このような考え方は「ワーク・ライフ・バランス」と呼ばれ、仕事の充実と私生活の充実、その双方を満たすことで、人生の質を高めていくもの。

しかし現代では、仕事とプライベートの境目は必ずしも明確ではない。たとえば、仕事をする〝場所〟について考えてみるとわかりやすいだろう。

近年では、「働き方改革」の推進により、テレワークを実施する企業も増えている。会社に出勤して仕事をするということが、デフォルトではなくなりつつあるのだ。

そのような状況をふまえ、これからは、**すべての時間が仕事とプライベートの延長であると**、とらえたほうがいい。すべての時間が仕事の時間であり、同様に、プライベートの時間でもあるのだ。

仕事に視点をあてた場合、すべての時間は**「ホームワーク」と「オフィスワーク」と「フィールドワーク」の３つに分類できる。**

ホームワークはファミリーワークとイコールだ。つまり、家庭内での活動から得た教訓を、仕事に活かすという発想である。

オフィスワークは普段の仕事だ。オフィスでの仕事も、ただ単調にこなすのではなく、プライベートにも役立つ何かを得るようにしたい。

フィールドワークは外から得られる学びである。たとえば、映画館で映画を見たり、自然に囲まれてバーベキューをしたり、楽しみながら仕事にも役立てていくといいだろう。

私の場合、企業経営で学んだことをホームワークに応用している。具体的には、企業会計のエッセンスを、家計簿や家計管理に活用しているのだ。

それこそ、収入・収支管理はもちろん、ライフイベントから逆算した必要経費の準備まで戦略的に行っている。もちろん、各イベント（プロジェクト）のゴール設計には現状把握と改善が不可欠だ。それらはまさに、企業経営から学んだことである。

体調管理も同様である。仕事のために体調を整えることは、結果的に、プライベートを充実させるためにも重要だ。両者は必ずしも切り離して考えなくていいのである。

鬼100則 57

ビジネスアスリートたれ

体調管理の基本は、アスリートから学べる。

トップアスリートは、専門家をつけることで運動、栄養、休養のバランスを整えている。それが日々のパフォーマンスにつながる。

ビジネスも同じだ。活躍しているビジネスマンは、運動、栄養、休養のバランスを整えることで、類いまれな成果を上げている。まさに〝ビジネスアスリート〟だ。

これら3つのうち、**現代人に不足しているのは「休養」**である。定期的に運動をし、栄養価の高い食事をしている人は多いが、休養が絶対的に足りていないケースが目立つ。

若いうちはそれでもいい。体力的な負荷をかけても気合いで乗り切れる。努力としての費用対効果が最も高いのは、自ら行動することだ。

たとえば、週5日働いていたのを週6週7と増やせば、それだけパフォーマンスは上がりやすくなる。こなせる仕事の絶対量が増えるため当然だろう。

ただそのようなやり方は、いずれ無理が出る。だからこそ、意識的に休養する必要がある。適度な休養もスキルなのだ。

運動、栄養、休養という3つの要素を仕事に置き換えると、運動とは業務のことであり、栄養とは学びのことであり、休養とは文字通り休むこととなるだろう。

体力で業務量をカバーすることは、年齢を重ねていくにつれて、再現性が乏しくなる。そのため、栄養と休養で補っていく必要がある。

ビジネスパーソンにとっての栄養摂取では、本を読んだり、勉強会に参加したり、あるいは大学院に行ったりするのが王道だ。費用対効果も計算しやすい。

しかし、栄養を摂りすぎてお腹いっぱいになるだけでは意味がない。摂取した栄養を消化するために、意識して休養をとろう。**休養は、インプットした知識を自分のものにしていく過程でもある**のだ。

どんなに筋トレをしても、休憩を挟んで超回復しなければ身にならない。同様に、学んだことを自分のものにしなければ、本質的な栄養摂取にはならないのだ。

お勧めは、**学びをアウトプットすること**。たとえば読んだ本の内容を、感想として書き出そう。それだけで、学びを血肉化できる確率は高まるのだ。

睡眠をコントロールせよ

人間も動物の一種だ。日の出とともに起き、日の入りとともに寝れば、自然と体調は整っていく。早寝早起きは体調管理の基本だ。

ただ、中には早寝早起きができない人もいるだろう。とくに、遅くまで残業していたり、パソコンやスマートフォンをよく使ったりする人は、リズムが狂いやすい。

そのような人は、**無理に早寝早起きをしなくていい**。それよりも、睡眠時間が確保できているかどうかに着目しよう。目安は1日あたり6～7時間だ。

睡眠時間の目安は、必ずしも1日単位で見る必要はない。たとえば1日あたり7時間だとすれば、一週間で49時間となる。つまり、週50時間を目安にすればいい。

日々の睡眠時間で考えると、寝られる日もあればそうでない日もあるだろう。残業で遅くなったり、ストレスで眠れなかったりする日もある。しかし、そのことを過度に心配する必要はない。

それよりも、週単位で睡眠時間を計測し、おおむね50時間としてつじつまを合わせるようにしよう。それなら、寝られない日があっても後から調整できるのだ。

睡眠が足りていない人ほど、寝られないことを意識しすぎている。「今日は5時間しか寝られなかった」などと、いつまでも引きずっていると、精神衛生上もよくない。

もっと緩く考えよう。今日5時間しか寝られていなくても、明日8時間寝られればいい。1週間単位で50時間確保できれば、それでいいのである。

もっと言えば、**「最悪、寝られなくてもいいや」**ぐらいの気持ちを持とう。

甲子園の前日、監督から次のように言われたことがある。

「お前ら、寝られなかったらどうしようと思っているだろ。心配するな。人間、1日ぐらい寝なくても平気だから」

大切なのは、「1日ぐらい寝なくても平気」と思うことだ。あらかじめ「寝なくてもいい」という腹づもりがあれば、睡眠不足は怖くない。

明日、大事なプレゼンがあったとしても、問題ない。寝られないぐらいでパフォーマンスが落ちるなら、それは単なる練習不足だ。むしろ、寝ている場合ではないだろう。

早寝早起きは、一つの理想でしかない。考え方一つでいくらでも変えられる。

鬼100則 59

呼吸は1日3万回

普段の生活で〝呼吸〟を意識することはあるだろうか。

実は、**きちんと呼吸ができているかどうかによって、体調は大きく変わってくる。**必要なのは、良質な呼吸だ。

良質な呼吸は「腹式呼吸」によってもたらされる。

腹式呼吸とは、胸部ではなくお腹を動かして行う呼吸のことだ。深く呼吸でき、自律神経を整えたり、免疫力が高まったり、さらには精神の安定にもつながる。

では、日常的に腹式呼吸を行うにはどうすればいいのか。コツは「あごを引く」ことにある。極端な話、**呼吸はあごを引くだけですべてうまくいくと考えよう。**

運動しているときなどはわかりやすいのだが、人間は、疲れてくるとあごが上がる。あごが上がると猫背になり、さらに疲れやすくなってしまうのだ。

とくに現代人の多くは、パソコンの前で仕事をしている。画面が少し高いところにあると、それだけで自然にあごが上がってしまう。結果的に、呼吸が悪くなる。

また、疲れだけでなく、緊張状態でも呼吸は速くなりやすい。呼吸が速くなると、腹式呼吸ではなく、胸で呼吸しやすくなり、呼吸が悪くなる。

そうならないよう、定期的に、呼吸を意識しながらあごを引いてみよう。それだけで、頭の重さを全身で支えられるようになり、首周りの筋肉や肩の負荷が分散される。また、呼吸も楽になる。

猫背になりがちな人は、立っているときも座っているときもあごを引くようにしよう。どちらの場合も、呼吸が改善されるはずだ。

イメージとしては、**身体の中心で呼吸をするような感じだ。**身体の中心で呼吸をすると、全身のバランスが安定し、手、足、頭などの先端は軽くなる。そして姿勢がよくなり、疲れにくくなる。

スポーツの世界では常識なのだが、ビジネスシーンではあまり意識されていない。だからこそ、より高いパフォーマンスを発揮するために、あごを引いて呼吸を整えよう。わずかな工夫が、大きな違いとなるのだ。

もちろん、そのような習慣が、中長期的な体調管理を改善させることは言うまでもない。

鬼100則 60

体幹を鍛えよ

体調管理に気をつけている人は、定期的に運動をしているものだ。手っとり早いのは、仕事前や仕事終わりに通えるジムの活用だろう。

ジムでは、激しいワークアウトをしている人も多い。各部位を入念に鍛え、筋肉をつけつつ、バランスのいいボディをキープしている。

ただ、一般のビジネスパーソンは、ボディビルダーのように鍛える必要はない。究極的に、「どこに筋肉をつければいいのか?」だけ考えておけばいいだろう。

ビジネスパーソンの体調管理を考えると、**筋肉は身体の真ん中につけるべきだ。**いわゆる「体幹」を鍛えるのである。体幹を鍛えれば、パフォーマンスを高めることができる。

ときどき、上腕二頭筋や胸筋、背筋などの見える部位ばかり鍛えている人もいるが、そのような外側の筋肉をつけていると、かえって疲れやすくなる。筋肉が〝重り〟となるためだ。

重りをつけるなら、身体の中心につけたほうがいい。身体の中心に重りをつけると、全身が安定する。その結果、疲れにくくなり、パフォーマンスが上がるのだ。

ジムに通うのもいいが、せっかく鍛えるなら、身体の中心に筋肉をつける腕立て伏せとスクワットをやろう。あるいは、中心部分に近い腹筋・背筋でもいい。

これらの**体幹を鍛えるトレーニングは、身体の芯を強くしてくれる、最も効率的な運動**と言える。ビジネスパーソンは、トレーニングをするときも効率を考えよう。

そもそも筋肉運動は、血流を流すということに他ならない。血流がドロドロになっていると、全身に血液が行き渡らず、不調の原因となる。その血液を流してあげるために運動がある。

血流は身体の状態を左右する。血流が滞っていると、栄養の吸収効率も悪くなる。反対に、血流がスムーズであれば栄養が吸収されやすい。当然、自然回復力にも影響するだろう。

運動をするのなら、**腕立て伏せとスクワットによって体幹を鍛えよう。**腹筋・背筋でもいい。効率的に体幹を鍛えて、血流を改善させるのだ。

ただし、続かなければ意味がない。これらのうち、とくに自分が継続しやすいと思うものを選択するようにしよう。

「加点法」と「減点法」

体調の良し悪しは外見に出る。体調が優れている人は見た目も健康そうに見えるし、そうでない人は明らかに不健康そうにしている。

それらの違いがもたらすのは、個人的な影響だけではない。人は見た目で物事を判断する傾向がある。つまり、見た目が悪いとそれだけで減点されてしまうのだ。

とくに日本における新規の出会いは、プラス要素を加えていく「加点法」より、マイナス要素加えていく「減点法」が中心だ。見た目のマイナスは、徐々に積み重なっていくのだと認識しておきたい。

たとえば、よれよれのスーツを着ている人は、それだけで減点されていく。髪が乱れていたり、爪が汚かったりすると、さらにマイナスは積み上がっていく。気づいたときには、評価もガタ落ちだ。

ちなみになぜ日本人の多くが減点法なのかと言うと、義務教育の過程で減点されてきたためだ。言われたことを言われた通りにやれば成績は上がるが、余計なことをすると、それだけで減点される。その習慣が身についているのだろう。

一方で企業経営者の中には、加点法を採用している人も多い。「君はコミュ力がないね」とマイナス面に目を向けるのではなく、「君の発想力はすごいね！」とプラス面を見ているのだ（だから身なりを気にしない人も多いのだが……）。

話を戻そう。**多くの人は、減点法で他人を見ている。**そのため、**減点されるような身なりは避けたほうがいい。**そのために必要なのは清潔感だ。

清潔感のある人は、誰が見てもプラスの評価となる。清潔感のある身なりをすることは、一種のマナーであるととらえたほうがいいだろう。体調管理も同様である。

そして、清潔感がある身なりを保っていれば、減点されることはなく、ツッコまれることもない。仕事の中身はいいのに、見た目で減点されてしまうのはもったいない。

残念ながらそのような人は、一定数、存在する。

仕事への評価はその中身だけで完結するわけではない。一見、関係ないと思われる外見も評価につながっている。清潔感のある見た目を心がけ、減点されないようにしよう。

食べたものが身体をつくる

身体は、日々の習慣によってつくられている。とくに、食べているものから受ける影響は大きい。**食べたものが、あなたの身体をつくっている。**

たとえば、ストレス解消のために暴飲暴食したとする。その場はそれで満足するかもしれないが、身体への影響は、あとになって確実に表れてくる。

個人的な違いはあるものの、成人が1日に食べる量の目安は決まっている。暴飲暴食を避けるのはもちろん、食事の中身にも気を使わなければ健康にはなれない。

暴飲暴食をしながら体調を整えるのは、ほぼ不可能だ。

体調管理もまた、確率の問題である。食事、運動、栄養、睡眠、休養など、体調を整えるための活動を行えば、健康になれる確率は上がる。暴飲暴食は、その確率を確実に下げる行動となるのだ。

毎日ビールを飲んでいる人は、飲まない人よりビール腹になりやすい。当たり前だ。糖質が高いものばかり食べていて太るのと同じである。

一方で、**仕事ができる人は身体がしっかりとしている。**太っているように見えても、バランスのよい体型であることが多い。そのため、印象もよくなる。

ポイントは、健康的に見えるかどうかだ。たとえ太っていても、肌にハリとツヤがあり、血色がいい人であれば、印象は悪くない。むしろ、好ましい人物に見える。

しかし、たとえスマートな体型であっても、毎晩のように飲み歩いている人は不健康そうに見えるものだ。血色が悪く、肌の表面にハリやツヤがない。酒やけしている人は誰が見てもわかる。

食べたものが身体をつくる以上、見た目を整えるのは、自己の責任で行わなければならない。とくに、**普段の食事によって、肌の調子を整えられるようにしよう。**

食事も一つの習慣である。悪い食習慣は、自ら正そうとしない限り継続されていく。見る人が見れば、「そういう生き方をしているのだろう」ととらえられかねない。

外見はウソをつかない。食事も含め、セルフマネジメントができているかどうかは、つねに見られているのである。

鬼100則 63

体調管理に過信は禁物

あなたの身体は、お客様の期待にいつでも応えられる状態か、自問自答してほしい。

実は私自身、体育会出身であり、体力には自信があったが、肝心な場面で体調を崩した経験がある。せっかく獲得した大手企業とのアポイントの前に、ノロウイルスで入院してしまった。大型発注を獲得するためのプレゼン当日に、ギックリ腰で動けなくなってしまったこともある。非常に不甲斐なく情けない思い出だ。

あなたに仕事を任せても大丈夫だと思ってもらえるためにも、体調管理がすごく大事なのだと思い知らされた。若いから、体力があるからと過信は禁物だ。

ビジネスの成功とは、お客様の成功である。

自分の身体は自分が頑張るためにあるわけじゃない。自分が頑張ったから評価されるのではなく、お客様の期待に応えることで成果が生まれ、評価されるのがビジネスだ。「体調が悪いなか、よく頑張った」というのは、評価の対象ではない。あくまでお客様への成果に対して評価される。

「休みの報告を上司にして怒られるのが嫌だな」という自分の感情ではなく、自分がお客様のところに行けないことで、大事な意思決定が遅れる可能性がある、ビジネスチャンスを逃してしまうかもしれない、という視点を持とう。

また、仮に自分が体調不良であっても仕事がまわる準備をしておけるかどうかもポイントだ。「自分が最後の砦」という意識は大切だ。しかし、それと同じくらい自分がいなくても回る準備をしておくことも重要だ。それは、お客さまの成果から考えれば当然のことだ。引き継ぎがわかるようにしておく、出社ができなくてもスマートフォンなどで、案件を止めずに動かせるようにすることなどだ。**自分・自社の状況は関係ない。お客さまの生活やビジネスが止まってしまうことが一番の悪**なのだ。

体調に波があるのは当然だが、下がったらそれを上げる努力、上がったらそれを下げない努力を「準備」として持っておこう。「体調管理をしっかり」の「しっかり」の部分をコントロール可能な状態にしよう。私の場合、薬を常備する、「休む」という予定を入れる、乾燥予防にマスクを常備するなどをしている。一度、こういった施策を洗い出しておくことをお勧めする。

鬼100則 64

イチローはなぜルーティンを続けるのか

2019年3月に引退した元メジャーリーガーのイチローさんは、引退するまで球界のトップ選手であり続けた。日米における記録の数々は、記憶にも新しい。

そんなイチローさんは、自分なりのルーティンを続けていることで知られている。翌日のゲーム時間から逆算し、寝る時間や起きる時間、食事の内容などもすべて決めていた。また、日々のストレッチや打席での動作もルーティンに組み込まれている。

なぜイチローさんは、このようなルーティンを続けていたのだろうか。実は、**同じ動作をくり返すことで、普段との〝差分〟を測っていた**と考えられている。

イチローさんが発揮する高いパフォーマンスは、自らがイメージした通りに身体を動かせるかどうかがすべてだ。そしてそれは、普段の自分なら可能なものである。

ただ、いつも体調が同じであるとは限らない。絶好調のときもあれば、体調が優れないときもあるだろう。

大切なのは、その**差分を自覚すること**だ。

通常時との差分がわかれば、微調整できる。調子がよければそのまま打席に立ち、調子が悪ければトレーニングを変えて試合に臨むこともできるだろう。食事からストレッチまで、すべてのルーティンはそのためにある。

私のルーティンは、毎朝、シャワーを浴びてひげを剃ることである。

鏡を見ながらカミソリでひげを剃っていると、肌の調子が手にとるようにわかる。「少し顔色が悪いな」「ビタミンが不足しているかもしれない」「血流があまりよくないようだ」というように、自分の状態を知ることができるのだ。

そして、血流が悪いと感じたときは、いつもより熱めのシャワーを長く浴びる。そのようにして、体調を微調整しているのだ。

それができるのも、日々のルーティンを決め、普段の自分との差分を把握しているからである。差分を把握していなければ、調整することはできない。

イチローさんのように、**自分なりのルーティンを見つけよう。**そして、いつもの自分と今日の自分の差分を測れるようになろう。

体調管理とはまさに、その差分を埋める活動なのである。

鬼100則 65

自分を数字で表現せよ

他人に自分をアピールするとき、効果的なのは〝数字〟の活用だ。事実をもとにした数字は、主観的な評価を排除し、客観的な成果を適切に示してくれる。

とくに**数字は、どのような人に対しても、正確に自分を伝えられる共通言語となる。**数字はウソをつかない。また、抽象的なイメージに頼ることもない。

だからこそ、数字を使って自分を表現するようにしよう。

まずは、**自己紹介の段階から数字を使うこと**をお勧めする。そのためには準備が必要だ。自分自身をどう数字で表現できるのか、あらかじめ考える時間をとろう。

具体的には、「大企業で活躍していました」ではなく、「5000人規模の会社でトップ10の成績を収めました」とする。それだけで、相手に与えるインパクトは大きく変わる。

「大企業」や「活躍」という言葉は抽象的な意味合いを含む。

社員200人の会社を大企業ととらえる人もいれば、1000人以上の会社を想像する人もいるだろう。同様に、頑張って働くことを活躍と言う人もいれば、具体的な成果があってはじめて活躍と言う人もいる。

微妙なニュアンスの違いを相手に委ねていると、自分を正しくアピールすることはできない。解釈は人によって違うことを前提に、意識的にファクトを提示するようにしよう。

また、自分のことを数字で表現できるようになれば、相手に伝わりやすくなるだけでなく、**自らの現状も俯瞰できるようになる。**しかも、具体的な数字に基づく俯瞰だ。

自分の現状を正しく認識できれば、目標との距離も測りやすい。つまり、目標にどれだけ近づいているのかが明確にわかるようになる。

たとえば私の場合、「相手に勇気を与える存在になる」という目標があるが、日々の活動を通じて、勇気を与えていることは事実である。では、目標はすでに達成されているのだろうか。

そうではない。私は自らの目標を、「毎年１００万人の子どもたちに勇気を与え続ける」と定義しているからだ。１００万人の子どもたちに勇気を与え続けるには、教育をコンテンツ化する必要があるだろう。そのような気づきも、自分自身を数字で表現し、目標との距離を認識することによって得られる。

第5章

Time hack
～鬼時間術～

6時間で木を切れと言われたら、
最初の4時間は斧を研ぐのに使うだろう。

エイブラハム・リンカーン

1分遅すぎるよりも、3時間早すぎるほうが良い。

ウィリアム・シェイクスピア

カエルを2匹飲み込まなければいけないときは、
大きいほうから飲み込むこと。
それと、あまり長いあいだ見つめないことだ。

マーク・トウェイン

鬼100則 66

「KPT」で振り返れ

時間効率を高めるには、振り返りが必要だ。スケジュール表を活用し、1か月単位で時間の使い方を見直していこう。

たとえば、個人の収入の目標を年間（12か月）で1千万円に設定していたとする。そのときに、「どうすれば、より短期間で1千万円を実現できるのか？」と考える。

1か月で1千万円達成できれば、残り11か月は他のことをしてもいい。空いた時間を人脈形成に使うのもいいだろう。時間効率を高めるとは、つまりそういうことだ。

効率を高めるための振り返りとして、スケジュール表を活用する。スケジュール表とは、過去の打ち合わせ時間や作業時間を記載したものだ。手帳やスマホアプリなどで管理している人もいるだろう。もし管理していなければ、今日から時間を記載してみよう。

過去のスケジュールを確認する人は少ない。しかし、それをあえて見返すことで、時間の使い方を改善するヒントになる。毎日、1日の終わりに見るようにしよう。

スケジュール表は、あなたの人生そのものだ。そこには、自分が何にどれだけの時間を費やしてきたのかが記されている。中には思い出したくないこともあるかもしれないが、振り返ってみてほしい。

実際に振り返ると、「この空白の時間は何をしていたんだろう？」「最近、この人とばかり会っているな」「今年は戦略的に休みを入れられていないな」など、さまざまな気づきが得られる。

そのような気づきを、**「ＫＰＴ」**で分けていこう。ＫＰＴとは、「Keep（キープ）」「Problem（プロブレム）」「Try（トライ）」の略称だ。

Keep は、引き続き確保する時間である。「読書の時間は学びになるから押さえておこう」「映画はインスピレーションを得られるから時間を確保しよう」などと、個別に判断する。

Problem は、問題だと思われる時間の使い方だ。「ムダなネットサーフィンをしている」「週３のミーティングは多すぎる」など、問題だと思われる時間を挙げていく。

Try は、問題として挙げられた時間の改善だ。「ネットサーフィンの代わりに読書をしよう」「ミーティングは週１にして密度を濃くしよう」など、挑戦する時間をつくる。

時間の使い方を見直し、ＫＰＴで分類しながら、時間効率を高めていこう。

鬼100則 67

極端な時間配分をせよ

成功者の時間配分は極端だ。中途半端に仕事をしたり、いい加減に休んだりはしない。仕事をするときは誰よりもするし、休むときは誰よりも休む。大切なのはメリハリだ。たとえば、空いた時間に「本を読む」と決めたとする。これまで読書習慣がなかった人であれば、1か月に数冊ほど読めればいいほうだろう。

しかし成功者は違う。「本を読む」と決めたら、徹底的に読む。それこそ、月に数十冊、年間何百冊も読もうとする。そのために時間配分を再考する。

ここでいう成功者とは、高い成果を上げていることに加え、似たような成果を上げている人が少数の場合を指す。出世する人がわずかしかいないなら、出世した人が成功者だ。つまり**成功者とは、確率が低いことを成し遂げた人**のことである。

彼らは、普通ではないことをしている。「時間配分はバランスよく」などと言われても、そうしない。あえてバランスを崩して、極端な時間の使い方をする。それが成功者の特徴だ。

時間配分を変えない限り、人生は変わらない。何らかの分野で成功したいのなら、成功者と同じように、極端な時間の使い方も試してみよう。**バランスが崩れても気にする必要はない。**

私の場合、会社員時代には「週110時間働く」という目標を掲げていた。正確にはオフィスにいる時間も含めて週110時間働いていたのだが、極端に時間を使ったため、高い成果を上げられた。

また、営業マン時代は「1か月で100件アポをとる」という目標も定めていた。そこから逆算し、使う時間を決めていたわけだ。いずれにしても極端な時間配分である。

このように、大きな成果を上げたいのなら、常識的な時間配分から抜け出そう。普通じゃなくなればなくなるほど、成功者に近づける。

ただし、時間配分がインプットに偏らないように注意したい。アウトプットにも目を向け、価値を生み出す時間を多くつくるようにしよう。成果とはインプットではない。アウトプットだ。

極端な時間配分は、アウトプットを主体にしてはじめて、結果につながるのだ。

鬼100則 68

何もしない時間を確保できているか

目の前の作業に追われて余裕がないと、適切な時間管理は難しい。毎日は「気がつけば1日が終わっていた」の連続だ。

それでは、時間を適切に管理しているとは言い難い。

一方で成功者は、目の前の作業に追われてはいない。余裕のあるスケジュールを組んでいるため、通常業務に取り組みつつ、何もしない時間も確保している。

何もしない時間とは、作業を俯瞰する時間のことだ。はたから見ていると、ぼーっとしているだけのように見えるかもしれないが、その時間で仕事の全体像を見ている。

もちろん、意識的に行うのであれば、ただぼーっとしているだけでもいい。目の前の仕事から離れ、頭を休めることにより、新しい気づきが得られることもある。

作業する時間と何もしない時間。どちらも必要なのだ。

そのような切り替えは、「オンとオフ」などと形容されることも多い。仕事をバリバリこなすオンと、仕事から離れるオフ。それらを上手に使い分けることが大切だ。

また時間は、オンとオフだけで分類できるとは限らない。オンとオフの中間もある。色で言うと、白でも黒でもないグレーだ。

オンの時間で頑張り、オフの時間でリラックスする。そして**その中間の移行時間も意識しながら、オフからオンへ、オンからオフへと、切り替えていこう。**

とくに、真面目な人ほどオフになれていないものだ。オフが不足していると感じる人は、積極的にオフを選択するようにしよう。

実は、**オフを設けることの重要性はキャリアにおいても言える。**いわゆる**「キャリアブレイク」**だ。

20代はバリバリ仕事をして、30代に差し掛かってからあえてキャリアブレイクの時間を設ける。この間は仕事をしない。そのように、仕事をしない期間でこそ、見えるものもある。

クルマの運転で考えるとわかりやすい。高速で走っている間は、周囲の景色がよく見えない。しかし、停車してみるとクリアになる。だからオフも必要なのだ。

キャリアという視点からも、オフの時間を設けてみよう。そのような時間が、人生のゴールに向かう最短距離を教えてくれることもある。

鬼100則 69

明日のためにならない努力を続けよ

仕事の優先順位をつけることが重要、といっても、そのつけ方に戸惑うこともあるだろう。優先順位の判断基準となるのは「緊急度」「重要度」が軸。この2つを基準にすれば、すべての仕事は次の4種類に分けられる。

A……緊急かつ重要

B……緊急ではないが重要

C……緊急であるが重要ではない

D……緊急でもなく重要でもない

これはアメリカの第34代大統領であるアイゼンハワーが使った時間管理法で**「アイゼンハワーマトリクス」**と呼ばれるもの。多忙な彼は有限な時間をどう振り分けるかを決めるために、タスクをこの4種類に分けて優先順位をつけていた。

Aは今すぐにする必要があり、かつ重要なタスクで、今日が期限の仕事や支払いなどがこれに該当する。ここは、いかに効率化するかがポイント（次の項で解説）。

Ｂは今すぐにする必要はないけれども、あとから役立つ領域。成果としてすぐには表れづらい。読書や勉強、仕事の「振り返り」などが当てはまるが、多くの人が後回しにする。

Ｃは重要ではないけれども避けられないタスク。電話対応や毎日の雑務がこれに当てはまる。この領域のタスクは可能な限り自動化し、とにかく時間をかけないことが大事。

Ｄについては「やらない」という検討が必要。ここに該当するタスクは、一生やらなくても誰も困らない種類のものだからである。どうしても自分１人でやらない決断ができないのであれば、上司や仲間とのコンセンサスをとり、共犯者を募ろう。

最も重要なのはＢ。ここが人生の勝敗を分ける。たとえば、僕はブログを高校３年生から10年以上続けている。日々の学びを振り返ることが目的だったが、今はそのアウトプットが積み重なり自信がついた。その結果、仕事のスキルは高まり、ブログ経由での出会いでビジネスを創出することも出てきた。本書の出版もブログが元になっている。

99％のビジネスパーソンがＡの領域で凌ぎを削っている。言わずもがなである。皆明日の仕事の成果のために一生懸命になっている中、来年再来年を見据え、先回りした努力をしている人が、あなたの周りにいるはずだ。ここの強化方法は後述の項で解説する。

仕事の捌《さば》き方を心得よ

「やらないことを決めることが大事」などと言われて久しい。

だが、あなたの置かれている状況や、実力と努力の量によっては、そうとは言い切れない。

たとえば、部下が全然やることをやっていないのにこう言ってきたらどうだろう。

「仕事が全然進まないです、やらないことを決めたほうが良さそうなので、あなたから依頼されている仕事をいくつか止めてもいいですか?」

つべこべ言わずに手を動かせと言いたくなるかもしれない。

たとえば、あなた自身も「めっちゃ忙しくて仕事が進まない」と思っているとしよう。

それを10年後のあなたの視点で見たときに「もっと効率化できるのに」と思えるかもしれない。無論、全員が全員そうとは言わない。すべては状況と目的次第なのである。

ここでは、**仕事を無理なくスピーディに進めるための観点**をお伝えする。

それは次の4つだ。「効率化」「自動化」「習慣化」「収拾化」。

効率化とは、同一時間でのアウトプットの量を最大化することである。作業時間を減らすのではない。2つの仕事を同時に進めるか、1つの仕事をこなすことで、2つ以上のアウトプットを生み出すように設計することだ。具体例は割愛するが、あなたの仕事でどう実現できるか考えてみてほしい。

自動化とは、2回目以降、自分の時間を使わないことである。自分の部下やパートナー企業に協力を依頼し、自分の仕事をマニュアル化することが求められる。「予算がないから」できないのではない。マニュアル化することと、予算に対する費用対効果を向上させる努力が足りないのだ。

習慣化とは、無意識に組み込むことだ。たとえば私の場合、その期の目標をスマホの壁紙に設定している。業務やミッションが多岐にわたると、一つひとつの目標意識が薄れることがある。スマホの画面自体、1日100回以上目にするので、そこに表示しておくことで目標数字を目に焼きつけている。

収拾化とは捨てることである。本来は整えるという意味だ。思考を整えるために、やらないことを決め、やることを絞り込むことである。

これら4つを手札として、自らのオプションを備えておこう。

鬼100則 71

スケジュール管理とは人生の使い方

仕事とプライベートを一致させることである。

全然、小手先のテクニックではなく申し訳ない。ただ、これは事実だ。

「時間の使い方がとても下手で……」といった相談をよく受ける。相談者本人は、成長のために時間と向き合っているのだが、なかなかいい答えが見出せていない。

そのとき、私がするアドバイスは決まっている。**「スケジュール＝人生」ととらえ直す**ことだ。スケジュールを人生そのものだと思えば、時間の使い方も変わってくる。

究極の質問は「いつ人生が終わるのか」である。いつ人生が終わるのかわかっていれば、そこに向けて、残りの時間をフル活用するだろう。スケジュール管理は、終わりから考えるようにしよう。人生の終わりでもいいし、その会社でいつまで働くのか、でもいい。いずれにしても、**終わりから逆算してスケジュールを組むこと**が大切だ。

ビジネスの大きな流れとして会社や仕事の在り方に変化が生じている。これからはますます「会社→コミュニティ」「仕事→プロジェクト」となる。仕事とプライベートの境線を設けることが困難な時代となる。

裏を返せば、いつでもどこでも働ける時代になったということだ。会社の垣根がなくなり、あらゆる人種と関わると、働く時間や休日が異なる。加えてオンラインのコミュニケーションが増えると、休みの日も連絡がとれるようになる。

「会社名より個人の名前」で仕事相手を選ぶ時代となった今、**フットワークの軽さがチャンスを呼ぶ**。個人は退社しても、ＳＮＳに退社という概念はない。人生の前半戦は、思い切って仕事に軸足を置くことをお勧めする。仕事に軸足があれば、プライベートはコントロールしやすい。プライベートに軸足があると、仕事に翻弄され精神が疲弊する危険がある。

一生、その働き方を続ける必要はない。前半戦を「ハードワーク期間」と自分なりに定め、集中力を持って臨むこと。１週間に2日休むのか、40歳までは1週間に1日休みペースで、その後の人生を週休3日にするのか。

目の前の仕事の効率ではなく、人生トータルでの効率を考える。1回の人生でいくつの成果を残せるのか。1回の人生で1つだけでも大きな成果を残すのか。その成果は会社で出すのか、家庭で出すのか、別のコミュニティで出すのか、決める必要がある。

鬼100則 72

時間効率を高める「はじきの法則」

時間術は、スピードとの関連性が強い。もっと言えば、時間の使い方がうまい人ほど、スピード感を持って仕事をしている。

私がこれまで高い成果を上げられたのも、あらゆる行動のスピードを速めるべく努力してきたからだ。人から評価されるのもやはり、スピードに関することが多い。

では、どうすればあらゆる行動のスピードを速くできるのか。考え方としては、算数の時間に習った「はじきの法則」が役に立つ。

はじきの法則とは、「速さ」「時間」「距離」という3つの要素を組み合わせて、それぞれの数値を求める公式のことだ。速さと時間がわかれば距離もわかる。時間と距離がわかれば速さがわかる。時間も同様だ。

はじきの法則をスケジュール管理に置き換えると、デッドライン（時間）を決めることの重要性が見えてくる。そうすると、必要な速さと距離も自然と導き出されるのだ。

３年以内に達成したい事柄があったとする。３年というのは時間（期間）だ。達成したい事柄と現在地のギャップが距離である。それらがわかれば、どれだけの速さで行動すればいいのかわかるだろう。

仕事のスピードが速い人は、つねに時間と距離を意識している。時間と距離がスピードを決めるのだと理解しているからだ。

一方で仕事のスピードが遅い人は、目標達成にかかる時間と、そこまでの距離を把握していない。そのため、**適切なスピード感がわからないまま仕事を処理している**のだ。

もちろん、タイピングのスピードや思考能力の速さも重要なのだが、それらは本質ではない。重要なのは、距離と時間から速さを求めているかどうかにある。

たとえば私の場合、30歳までに本を10冊出版するという目標を掲げていた。最初の本が出た段階で28歳だったので、残り2年しかない。24か月で９冊、約３か月に１冊のペースだ。

ただ、やり切ると決めた以上、３か月で１冊本を出すための動きをしなければならない。企画の立案、出版社へのアプローチ、執筆など、必要事項を逆算して進めていく。そこから割り出されるのがスピードだ。

はじきの法則を応用すれば、時間の使い方も、スケジュール管理も、変わっていく。

鬼100則 73

行動の目的を整理し明確化する

時間の使い方を向上させるには、「何に時間を使っているのか？」を明確にする必要がある。そこで重要なのは、**〝目標〟と〝目的〟の違い**だ。

目標には、会社から与えられるものと個人のものがある。とくに会社員の場合、会社から与えられた目標を軸に、日々のやることを決めているケースも多い。

ただ、目標だけを見ていても、時間の使い方はうまくならない。大事なのは、**目標ではなく目的から考えることだ。**目標は、到達するべき指標に過ぎない。だが**目的は、最終的なゴール**である。大事な定義なので、忘れないようにしてもらいたい。

目的は「なぜ、この仕事をするのか」と自分に対してなぜをくり返すことで見つかる。自分でわからなければ、上司や周りの人に同じ質問をぶつけてみてもいい。ピンと来たら真似をすればいい。

目的から考えることで、最短ルートが変わることも少なくない。小さな目標にとらわれず、目的を達成する方法を見つけられる場合もあるからだ。

たとえば私が、活動の目的として掲げているのは「教育で日本を進化させる」ということである。そのために、セミナー事業や勉強会を行ってきた。

ただ、事業としての売上目標は達成できていたとしても、「教育で日本を進化させる」という目的に近づいているとは限らない。むしろ、目的の達成から考えると、遠回りしているると言えるかもしれない。

そこで、義務教育そのものを変えるという方針に切り替えてみる。義務教育を変えることで、「教育で日本を進化させる」という目的に近づけるかもしれないからだ。

そうなると、ビジネスだけでは限界がある。国の制度を変えたり、文部科学省にアプローチするなど、違った視点から活動そのものを検討し直す必要があるだろう。

このように、目標だけでなく目的を整理しておくと、何に時間を使えばいいのかがわかるようになる。つまり、目的に向かう最短距離を意識できるのだ。そこに時間を使えばいい。

時間の効率性は、目的やゴールがなければ評価できない。目的があるからこそ、そこに向かうために、時間をフル活用しているかどうかをチェックできる。


行動の目的を整理し、明確化することで、時間の使い方を見直していこう。

鬼100則 74

作業量を可視化せよ

時間あたりの作業量は人によって異なる。

業務内容やとり扱う商材、あるいは働き方によっても違うだろう。ただ、どのような仕事をしていたとしても、時間あたりの作業量は把握するべきだ。

たとえば営業マンなら、1時間あたりの「テレコール数」「アポ数」「商談数」などが挙げられる。これらの作業量を、時間あたりで把握していく。

ここで重要なのは、**結果だけに注目しない**ということだ。とくに、数字が求められる仕事の場合、どうしても結果に目がいきがちである。

結果が出る度に「売上が上がった！」「ノルマを達成した！」とだけ考えていると、思考停止に陥りやすい。「なぜその結果につながったのか？」を掘り下げなくなるためだ。

結果を出している人ほど思考停止に陥りやすいというのは皮肉なことなのだが、大事なのは、**結果が出た理由を理解すること**である。

より多くの結果を出すためには、何かを改善しなければならない。現状に満足していては、改善につながらない。改善のヒントは結果が出た理由にある。

作業量を増やせばいいのか、やり方を変えたほうがいいのか。それらを知るためには、**おおよその作業量を把握しておく**必要がある。

作業量を把握しておけば、結果が出て理由も見えてくる。比較できるからだ。他と比べて、多くの作業量をこなすことが結果につながっているのだとわかれば、さらに増やすことで、より多くの成果をあげられるだろう。

営業マンであれば、アポイントの数が一つの指標となる。私もかつて「月１００件アポ」を自らに課していたのだが、実は、正確な数字を数えていなかった。

ある日、経費精算をしていて、交通費だけで月10万円を超えていることに気づいた。「ちょっと多すぎるのでは……」と思い、アポ数を調べてみると、月１２０件を超えていた。

それからは、アポ数をちゃんと数えるようにしたのである。

作業量を正確に把握していないと、ただ頑張っているということになりかねない。頑張ることは重要だが、使える時間は限られている。

作業量をきちんと把握して、効率的な時間の使い方を設計していこう。

鬼100則 75

生産性は高める前にまず把握せよ

時間あたりの作業量は「生産性」という言葉に置き換えられる。より正確には、「生産率」としてとらえられるだろう。

時間あたりの作業量に加え、作業量分のアウトプットを把握している人もいるだろう。たとえば、1時間でどのような作業をし、どのくらいアウトプットしたのかを記録する。

よくあるのが、「50時間ブログを書き、100本の記事をあげました」など、「作業内容+アウトプットで」把握しているケースだ。しかし、それでは不十分である。

なぜなら、その作業とアウトプットが、どんな成果を生んだのか把握できないからだ。つまり、生産したものがどう成果につながったのか見えてこないのである。

本来であれば、「100本の記事をあげました」で終わるのではなく、「50時間ブログを書き、100本の記事をあげ、そのうち10記事あたり一人の顧客獲得につながった」まで把握するべきだ。それが生産性である。

たとえば書籍を出版する場合。企画を考えてから取り組むのだが、たとえ１００本の企画を考えたとしても、それが出版に活かされなければ意味がない。企画をつくること自体は、成果ではないのだ。

さらに、「10万部売る」ことを目標としていた場合。企画をつくり、ただ出版するだけでもダメだ。10万部という成果につながる出版をしなければならない。

中には、１冊で10万部を達成してしまう人もいるだろう。一部のベストセラー作家などはまさにそうだ。

しかし私の場合、現実的に考えて１冊１万部、10冊で10万部を達成しようと考えた。つまり自らの生産性から逆算したのだが、おおむね狙い通りに進められている。それは私が、自分の生産性を理解していたためだ。

自分の生産性を知らない人は、まず、自らの生産性を把握することからはじめよう。そしてその生産性は､単なるアウトプットではなく､結果につながっているかどうかもチェックしてほしい。

結果に基づく生産性がわかれば、改善するのは難しくない。行動の量か、中身か、やり方を変えていけばいいだけだ。

鬼100則 76

タスクの「センターピン」を見極めろ

誰しも、使える時間には限りがある。有限だからこそ、使い方を工夫しなければならない。最もわかりやすい工夫は「優先順位を決める」ことだろう。やるべきことをピックアップし、その中から着手する仕事の優先順位を決めていく。

優先順位を決める際のポイントは2つある。

1つ目は**「センターピン」**だ。センターピンとは、それを倒すことで、他の複数のピンも倒せる重要なピンのことだ。仕事に着手する前に、どのピンを倒せば他も倒れるのか考えてみよう。

たとえば、動画の企画を考えるとき。アクセス数を稼げることも大事だが、作製したコンテンツを他の媒体にも応用できるとなおいい。具体的には、文字起こしをして話のネタにしたり、書籍の企画に応用したりするなどだ。

そのように、一つの行動で複数のピンを倒せるものを探すようにしよう。センターピンの活動を優先すれば、時間効率は高まっていく。

２つ目は**「テンション」**だ。自分のテンションがどのような状態にあるのかを理解し、行動の優先順位を決めていこう。

多くの場合、難易度が低いタスクからこなしていくとうまくいきやすい。たとえば、朝はニュースのチェックやメールの返信にあて、徐々にテンションをあげていくといい。いきなり資料作成やプレゼンの練習をする必要はない。

もちろん、どのような順番でタスクをこなすとテンションが上がるのかは、人によって異なる。自分なりの手順を考えてみよう。それもまた、優先順位を決めるヒントになる。

この２つは、いずれも優先順位を見極める要因となる。どちらがより重要かではなく、双方を優先順位決定のヒントにしよう。大事なのは、**やり方を知っておく**ということだ。

学校のテストも同じである。「簡単な問題から解く」「暗記モノを先に処理する」など、いくつものテクニックがある。ただ、人によって合っているものとそうでないものがあるだろう。いずれにしても、知っているからこそ選択できるのである。

優先順位を決めるための方法を、自分の中で確立しておこう。それが結果的に、時間効率を高めてくれる。

鬼100則 77

ワンアクション・マルチアウトプット

時間の効率的な使い方に **「ANDをとる」** というテクニックがある。これは、**ワンアクションで複数のアウトプットを出す手法**だ（ワンアクションマルチアウトプット）。

その前提となるのは、「動作一定」である。

パラレルワークのコツもまさにそうで、動作を一定にすることが肝になる。動作一定とは、やることは変えず、**複数のアウトプットが可能になる行動を見つけること**だ。

言い換えると、「ANDをとるアウトプット」ということである。

一つの行動が複数のアウトプットを生み出すようになると、肉体的にも精神的にも楽になる。無理に頑張らなくても、2倍の成果を出せるようになるためだ。

私の場合、動作一定の軸は営業である。営業活動という一定の動作を通じて、各方面にアウトプットをしている。具体的には、会社の経営や人事部長としての活動、講師、書籍出版などだ。

そもそも営業のコアは、顧客の問題発見と解決にある。そのため、顧客の課題をヒアリングし、問題解決のための提案を伝えるのが基本動作となる。

それを応用すると、経営者の立場としては、ビジネス上の課題を解決するために事業をつくるということになるだろう。人事部長としては、従業員を社員に見立て、課題収集と問題解決を行っていく。

また講師としては、営業活動を通じて得た学びを、学生や社会人に向けて伝えている。

もちろん、質疑応答などを通じて悩みや疑問に答えることも多い。

さらにビジネス書作家としての活動もある。ビジネス書の対象は読者だ。書籍を通じて読者に処方箋を提供しつつ、問題発見やその解決につなげているのである。

これらはすべて、営業という動作に他ならない。アウトプットの方法はさまざまだが、いずれもＡＮＤをとるということがポイントだ。しかも、私の動作は一定している。そのため、肉体的にも精神的にも余裕が生まれやすい。

動作を一定にし、ＡＮＤをとれるようになると、時間の使い方は効率的なものとなる。ワンアクションで複数のアウトプットを生み出そう。

鬼100則 78

スキマ時間で差をつけろ

これまでムダにしてきた時間に着目すると、時間効率を高めるきっかけになる。まずは、空き時間を価値に変えていこう。

空き時間の中心は「待ち時間」だ。電車の待ち時間、エレベーターの待ち時間、さらには階段を昇り降りする時間も待ち時間の一種だ。

これらの時間に何ができるだろう。わずかな時間だからと軽視してはいけない。1分、3分、5分の積み重ねが、やがて大きな時間となる。

大切なのは、**「空いた時間にいかに価値を生み出すか」という発想**だ。すべての時間を貪欲に活用しようとすれば、起きている時間をすべて有効活用できる。

具体的な手法としては、情報収集がわかりやすい。スマートフォンを活用して、空いた時間に情報を収集すれば、スキマ時間は自然と埋まっていく。

基本は、ニュースアプリをチェックするなどでいい。あとはユーチューブなどの映像媒体や、オーディオブックなど耳で聞くコンテンツも活用できる。状況に応じて使い分けるといいだろう。

このような活動を習慣化すれば、自分では頑張っているつもりはなくても、自然と努力が積み重なっていく。

真の努力家には頑張っている自覚がない。いつもの行動が、他人から見ると「頑張っている」ように見えるからだ。空き時間を埋めるのは、まさにその仕組み化である。

ただし、スマートフォンを活用したインプットには電波の問題もあるだろう。そこで電波の状態が悪いときは、アウトプットの時間にしよう。メモアプリなどに、ちょっとした気づきや仕事の企画など、思いついたことをアウトプットするといい。

ちなみに私は、食事の時間も有効活用している。主に、ビジネス系の動画を見ながら食事をしているのだ。人によりけりだが、器用な人はこのように複数の活動をこなすのもいいだろう。

普段の生活を見直してみると、空き時間は意外にたくさんある。まずは、それらの時間をどう埋められるか考えてみよう。

ちりも積もれば山となる。空き時間の有効活用を習慣化していこう。

集中力をデザインせよ

取り組む時間は同じでも、得られる成果が異なることがある。それは、〝**時間の密度**〟がもたらす違いだ。つまり、集中力の問題である。

同じ作業時間でも、集中力の高低によってもたらされる成果は変わる。集中して作業できれば、それだけ時間効率も高まるはずだ。

では、どうすれば集中力を高めることができるのか。まずは、自分自身の体調に目を向けてみるといいだろう。

たとえば低血圧の人は、朝の仕事がはかどりにくい。起き抜けは血流が滞っており、体温が低いためだ。そのような場合にはまず、熱いシャワーを浴びてみよう。シャワーを浴びて血流を促進するのだ。

あるいは、軽い運動をしたり、食事をしたりするのでもいい。いずれにしても、血流をよくすることで、体調面から集中力を高めていこう。

集中は脳のはたらきである。脳のはたらきを促すには、血流に着目するべきだ。つまり**血流を促すための工夫は、集中力に直結する**のである。

また、肉体的なことだけでなく、精神的な部分にも目を向けてみよう。

誰しも、気が進まない仕事があるものだ。「あの人に連絡するのは気が重いな」「資料作成は面倒くさいな」などである。そのような仕事は、自分のモードを変えて取り組もう。

たとえば、コーヒーを飲むとやる気が出る人がいる。あるいは、好きな音楽を聴くことでスタートを切りやすい人もいるだろう。人によって集中力を上げるアイテムは異なる。自分なりの方法を見つけておこう。

場所の問題も大きい。オフィスで集中できる人もいれば、カフェなどの社外の施設で集中力を発揮できる人もいるだろう。絶対的な正解はない。自分に合った場所を見つけることだ。

肉体的にも精神的にも、集中力を高められるのは自らの工夫だけだ。誰かがあなたに集中力を提供してくれるわけではない。また、待っているだけでもダメだ。

主体的に、集中力を高める方法を選択しよう。集中力を高めれば、時間の密度は濃くなっていく。

鬼100則 80

一つひとつ割り切れ

完璧主義は、時間効率の向上に逆行する。一つひとつの仕事をすべて完璧にこなそうとすると、時間あたりの生産性は上がらない。

やはり、**一定のレベルで割り切る覚悟**が必要だ。言い換えると、ボールを持ちすぎないよう心がけたい。

複数の仕事を同時に行っていると、自ら考えるより、パスしてしまったほうが前に進む。自分の知恵だけでなく、他人の知恵も活用できるからだ。

しかし完璧主義の人は、パスする前に最高のものを仕上げようとしてしまう。その結果、いつまで経ってもパスできず、生産性は一向に上がらない。

どんな仕事にも締め切りはあるものだ。デッドラインが決まっているからこそ、時間効率を上げなければならない。終わらなければ意味がないのだ。

効率を上げるためにも、ボールを持ちすぎず、どんどんパスしていこう。それが、複数の仕事を同時進行させるコツである。

とくに複数人でやる仕事は、行き詰まった段階ですぐ「わかりません」と相談しよう。悩んでいる時間がもったいない。わかる人に聞いて、巻き込んでいくことが大事だ。

そのとき、**「誰に聞けばいいのか」を知っておくと役に立つ。**各分野の〝相談できる人〟を把握しておけば、無理にボールを持ちすぎることはない。仕事が進みやすくなる。

重要なのは、**自分のところで仕事を止めない**ということだ。仕事は、止めようと思えばいくらでも止められる。ボールを保持し続けるのは難しくない。

ただ、そうしている間に時間はどんどん経過していく。仕事は進んでいないのにもかかわらず、プレッシャーは高まっていく。そのような状態では、いい仕事ができるはずもない。だからこそ、思い切ってパスしよう。そして、気をとり直して別の仕事に着手するといい。

私の場合、「ビジネスを考える」「業務を進める」「本を書く」「動画を撮る」「作曲する」など、複数の作業を切り替えてこなしている。並行することで気分転換になり、やる気も高まっていくものだ。

一つひとつの仕事を完璧にこなそうとしないこと。そしてボールを持ちすぎない。パスすれば、それだけで仕事は前に進むのだ。

第 6 章

Improvement
～鬼自己研鑽～

自分一人で石を持ち上げる気がなかったら、
二人でも持ち上がらない。

ゲーテ

夢を掴むことというのは一気には出来ません。
小さなことを積み重ねることでいつの日か信じられないような力を出せるようになっていきます。

イチロー

業なかばで倒れてもよい。そのときは、目標の方角にむかい、その姿勢で倒れよ。

坂本龍馬

鬼100則 81

みんなが見ているところで素振りをせよ

自らの努力を人に見せるかどうかは、あなたの裁量に任せる。

ただし、新しいことに取り組む場合、努力の仕方があっているか否かを確認してからにしよう。その意味で、**最初の努力は人に見せるべき**である。努力の仕方を間違えると危険だ。

例えば、電話営業を任されたとしよう。Aさんは会議室に一人でこもって行い、Bさんは執務室で周りに人がいる中で行う。どちらが結果を出せるようになるだろうか？

答えはBさんである。Aさんの電話営業の仕方は、誰も見ていないのでアドバイスされようがない。Bさんは最初こそ耳障りなアドバイスをされるものの、やり方がスピーディーに洗練されるため、結果的にBさんの方が早く成果を得られるのだ。これが新しいことに取り組む段階で、人に努力を見せる効能である。

別の例で、努力の仕方を間違えると成果の差が2倍以上開く話がある。

Aさんは「人を言いくるめる営業スタイル」を1年間必死で頑張り、Bさんは「人の話を聞く営業スタイル」を1年間頑張ったとしよう。

残念なことに、今の時代、言いくるめる営業スタイルはどの業界でも好まれない。悪い噂がたつ懸念さえある。両者ともに同じ1年間必死で頑張った事実は変わらないが、成果の差は2倍以上出てしまう可能性もある。Aさんは自分で気づかない限り、改善できない。

また、他人の努力を見せてもらうことも有効だ。**自己成長を続ける人は「人の振り見て我が振り直す」**。自分が打席に立っているとき以外でも、貪欲に学んでいる。

自分が打席に立っているときに成長できるのは当然だ。しかし、自分が打席に立っていないときでも成長できる人もいる。それが自らの成長を加速させていく。

ポイントは、他人の行動を観察するということだ。成功した人を見たら、そのやり方を真似してみる。失敗していたら、なぜ失敗したのかを考える。そのようにして、他人の行動を自らの成長につなげるのだ。

自分の経験からしか学べない人は成長速度が自分の行動以上に早くはならない。

いつも本番というわけではない。むしろ、本番を待っている時間のほうが長いものだ。問題は、その待っている時間で何ができるのかにある。プロフェッショナルは、他人の努力さえ自分の成長につなげるのだ。

鬼100則 82

ググる前に聞け

本当に大事な情報は検索エンジンでは探せない。仕事ができる人の多くは「ググる前に聞く」。WEB上には落ちてないことを知っているからだ。とくに会社組織に属している場合、すぐそばにエキスパートがいるはずだ。

それなのに自力でWEBに頼るのは、ただ頑張っている振りをしているだけだ。本当の責任感とは、誰にも頼らず、自分の力だけで仕事をすることではない。**成果を出すために必要なリソースをなりふり構わず使い倒し、どんな手を使っても必ず成果を出す姿勢**のことである。

WEBは、最低限のキーワードを知る術としては役に立つ。半面、間違った情報や広告的な情報が多く混在している。加えて、自分にとって適切な情報を得るには、情報の取捨選択を行う情報リテラシーが求められる。

「ググれカス」とか「調べてから来い」と反応する上司がいる。

でも聞いたほうが早い場合がよくある。本を10冊読むより、「どうやっていますか？」と聞いたほうが早かったりするのが世の常だ。

また、「こんなこと聞いたら、何か変に思われるかなあ」と**思い悩む時間が、実は一番の時間ロス**だ。聞いてみて「そんなの答えられるか」と言われたら、聞く人を間違えたか、もしくは聞き方を変えるか、先に相手に貢献してから聞いてみるなど、順番を考えてみるといいかもしれない。

情報は無料といわれているが、結局**本当に大切な情報は人の中にしかない**。全然表に出てこない。ＷＥＢで調べ物をしているときに見つかる情報の多くは、広告だったりする。直接聞きに行かないと、会話をしないと出てこない情報というものがある。

誰でも、本能的には知っている。だから大きな買い物ほど結局は直接見て決めるし、大統領だって一番大事な話は、海を渡って会いに来て話をする。本当に大切な情報や本音は隠されていたり、直接人に聞かなければ得られない。いつの時代も情報の源泉は人なのだ。

無論、まず自分で調べてみるのはマナーだ。しかし、短期間で仕事の成果を求められている場合、「こんなこと聞いたら怒られるかなあ」と思い悩む時間はムダだ。

鬼100則 83

移動時間に成長せよ

自己成長には時間がかかる。一朝一夕で実現できることではない。使える時間があれば、積極的に活用していこう。

たとえば「移動時間」だ。どれほど忙しい人でも、移動時間はあるはずだ。その時間を、自己成長のためにフル活用しよう。

重要なのは**続けること**。あえて時間をつくると、無理が出やすい。しかし、移動時間を使えば継続しやすくなる。そこに自己成長のための習慣を埋め込もう。

会社員であれば、行き帰りの通勤時間がある。学生も同様だ。通勤時間をムダにせず、自分を成長させる時間に変えていく。

あるいは、あえて職場や学校の近くに住むのもいいだろう。私は社会人になってから、一貫してオフィスの近くに住んでいる。通勤時間が短いため、その分を自己成長にあてられるのだ。

また、移動時間と同じように活用したいのが、「風呂の時間」だ。私はいつも、風呂にスマートフォンを持ち込んでブログを書いている。あるいは、動画を見たり編集したりしている。風呂に入っている時間は人それぞれだが、私の場合は30分ほど確保し、そこでできることをやっている。風呂は毎日入るので、自然と習慣化されていくわけだ。

移動時間や風呂の時間は、あくまでも一例である。大切なのは、**自分にとってのスキマ時間を見つけ、その時間を自己成長につなげていくこと**だ。

無理に時間をつくる必要はない。むしろ、プラスオンの努力をしようとすると、大抵は挫折する。人は、これまでの習慣を容易に変えられないものだ。

そうではなく、普段の生活の中から使える時間を見つけ出そう。移動時間や風呂の時間など、時間の使い方を見直すことで、使える時間はいくらでも見つかるはずだ。

まずは、普段の移動時間をフル活用してみてほしい。それが継続できる習慣になれば、自己成長は自ずと加速していく。成長が蓄積されていくのだ。

続けるのが大変なことではなく、**続けやすい行動を普段の生活にとり込もう。**無理をするのではなく、軽い気持ちできることからはじめよう。

わずかな行動でも、やがて大きな自己成長になる。

鬼100則 84

有料の講座に行け

投資では、リスクをとらなければリターンは得られない。**リスクがあるからリターンがあり、リターンがあるところにはリスクがある。**これが投資の原則だ。

自己成長も同様だ。自らに投資する姿勢がなければ、成長速度は遅くなる。リスクをとって、成長という名のリターンを得ていこう。

たとえば、世の中にはたくさんの無料コンテンツがある。無料のセミナー、無料の勉強会、無料の動画、無料の電子書籍……。いずれも、費用はかからない。

ただ、費用がかからないからといって、無料のものばかりとり入れるのは避けたい。なぜなら無料のコンテンツには、その裏側に何らかの〝商材（バックエンド）〟が隠されているためだ。

バックエンドがあるということは、必然的に、無料コンテンツの中身もポジショントークになりやすい。一定の学びは得られるかもしれないが、本質的なことは省かれている可能性が高いのだ。それでは効果が薄くなる。

無料のコンテンツから学びを得ようとするのなら、そのことは認識しておくべきだろう。また無料コンテンツには、心的姿勢という点からもマイナス面がある。心的姿勢とはつまり、「無料だからまあいいか」という、本人の甘えだ。

投資の原則を思い出してほしい。リスクがあるからリターンもある。自己成長も同じだ。自分で身銭を切るからこそ、得られるものが多くなる。

自己成長も投資の一種としてとらえよう。意義のある学びを得たいのなら、立ち読みしてわかった気になってはいけない。無料のコンテンツではなく、有料のコンテンツに身銭を切ることだ。

人は、お金を使うことで、リターンを得ようと必死になる。投資した資金を無駄にしたくないと考え、貪欲に吸収しようとするのだ。その心理を、自己成長にも応用しよう。

まずは、無料で学ぶのをやめてみよう。無料ではなく、有料のコンテンツから学ぶようにしよう。どちらで学ぶにしても、大切な時間を投資することには変わりない。投資したお金はとり戻せるが、時間はとり返せないのだ。

意義のある学びを得よう。

アウトプットの最大化で インプットが仕組み化される

「インプットのいい方法はありますか?」と、よく聞かれる。方法論など少しWEBで調べればいくらでも出てくる。それよりも「結果を出す姿勢」の方が100倍大事である。もし今、コンスタントに結果を残せていて、インプット方法に飢えているのであれば、**それは現在設定している目標が低い可能性がある。高い目標を掲げ、必死に結果を出そうとすれば、自ずと情報感度は鋭くなる。**結果を出す過程で得た上司からの指摘、お客様からの意見、マーケットの変化など、すべてがヒントになる。それらの情報が今のあなたにとって一番大事な情報である。

本を読んだから結果を出せるのではない。あなたが結果を出す過程で、本からの知識獲得が必要だと気づいたから読んでいるのだろう。順番を間違えてはいけない。

一般教養や一般常識ももちろん大切である。が、それらが活かされるのは、今よりもっと上のステージに進んだときだ。自分のレベルが上がり、地位が上がり、付き合う人や組織のレベルが変わると、自ずと入ってくる情報が変わる。決して物知りだから結果を出せるのではない。

まずは今のあなたの目標に必要な情報を優先して獲得しよう。目の前のことに神経を尖らせよう。神経を尖らせるためには、目標を高く設定しよう。

すでに所属する課や部で一番の結果を残せている人は「会社で一番」「業界で一番」を目指すことをお勧めする。簡単な話ではない。多少面倒な作業ではあるが、ベンチマークする対象の現状を数字で把握する必要がある。若いうちに結果を出したものの、そこから先**伸び悩む人の多くは、ライバルのアップデートに追いついていない**。いつまでも井の中の蛙であることを楽しんでいるのだ。目標と現状のギャップに気づければ、今の過ごし方ではたどり着けない情報があることに気づけるはずだ。

知らなかったために得られない幸せが、世の中には多く存在する。

幸せになる方法、成功する方法は、学校のカリキュラムには入っていない。学校の先生、会社の上司も教えてくれない。自分で情報をつかみとるしかないのだ。目指す結果になるためには情報は自ら手と足を使って獲得するべきなのだ。ただ、待っていても良質な情報には出会えない。

時間分解能

自己成長が遅い人は、投資をしているつもりでも〝消費〟になっていることが多い。消費するだけでは、成長速度は上がらない。

たとえば映画館で映画を見たとする。映画から自己成長につながる学びを得られたのなら、これも立派な投資だ。

しかし、何も考えずに映画を見るだけでは、自己成長につながらない。それは単なる余暇の時間であり、使ったお金と時間は消費されるだけだ。

そうならないよう、体験したことはすべて投資に変えていこう。具体的には、言語化をオススメする。言語化によって、体験が言葉になり、言葉が学びになる。

映画の場合であれば、感想をツイートするといいだろう。どのような学びを得て、何を感じたのか。短い文章で発信するだけなら、それほど負担もかからない。

ここで重要なのは、**時間あたりの変数を上げること**だ。時間あたりの変数とは、簡単に言うと「その時間で得られるものの数」ということである。

たとえば、同じ映画を見たとしても、一般の人であれば、ちょっとした感想や意見を抱くぐらいだろう。しかし映画評論家であれば、テーマ、構成、プロット、セリフ、さらには世界観など、さまざまな観点から論じることができるはずだ。

そのような違いは、時間あたりの変数の違いがもたらすものだ。つまり、**その人のスキルによって、同じ時間でも得られるものが増減する**のである。

これを私は「時間分解能《のう》」と呼んでいる。時間分解能を応用すると、一つの事象から得られる変数の数を増やせば増やすほど、プロフェッショナルに近づける。感じること、思うこと、得られることが多くなるため、インプットの量と質が自然に担保されていく。

映画の感想をツイートする習慣はまさに、この**変数を増やすための訓練**となる。もちろん、ツイートは一つの手段であり、大事なのは言語化だ。

人は、言葉によってものを考える。反対に、言葉にしなければ考えられない。だから言葉としての情報が大事なのであり、情報としての変数を増やすことが自己成長になる。

映画だけに限らない。すべての体験を学びに変えるために、経験を言葉にしてアウトプットしよう。時間分解能を応用して、時間あたりの密度を濃くしていこう。

違和感のある環境に身を置け

自己成長は、自分だけで完結するものではない。むしろ、関わる人々との中で、少しずつ醸成されていくものだ。

だからこそ、**「どのような人と接するのか」**が大事になる。

自己成長を加速させるには、過去にこだわっていてはいけない。意識して、人脈をアップデートしていこう。

とくに、居心地のいい地元の仲間とは、積極的にオサラバするようにしたい。

居心地がいいということは、そこに違和感がない証拠だ。違和感があると、人は思考する。「なぜこの人には違和感があるのだろう?」と考えながら、自らの価値観が洗練されていくのだ。

だから、他人との違和感はチャンスととらえよう。違和感を伴う出会いは、自分にとってプラスになる。自己成長につながっていく。

そう考えると、居心地がいい地元の仲間は違和感を生まない存在だとわかる。自己成長という側面から、そのような関係性を断ち切る勇気も必要だ。

もちろん、地元の仲間が精神的な支えになっていることもあるだろう。ただ、「今は成長を優先する」と決めたのなら、割り切って行動してほしい。

居心地のいい人と付き合うのではなく、**ギャップを感じる人と付き合おう。**それも、自分より明らかに成長スピードが速く、成果のサイズが大きい人と付き合うのだ。

成長スピードが遅く、成果のサイズが小さい人と一緒にいると、自分がそちらに合わせなければならない。それでは、自己成長にはならない。

そうではなく、高みを目指している人、**自分より先に行っている人と背伸びをしながら付き合うことで、違和感を成長に変えられる。**つねに、何が足りないのか考えるようになるのだ。

ただその前に、現在の人間関係を清算しなければならない。まずは、地元の仲間とオサラバすることからはじめよう。あれもこれも得ようとするのではなく、まず切る。

自己成長につながる人間関係もやはり、率先して損切りできるかどうかが大事なのである。

家族と目標を共有せよ

自己成長にもキャリア形成にも、家族とのコンセンサスは必要だ。自分勝手に行動するのではなく、家族と合意形成を図ることで、自然に応援してもらえるようになる。

とくに、自己成長を志向しているうちは、厳しい努力も必要だ。ときには無理な働き方をすることもあるだろう。極端な頑張りが自分を引き上げてくれるものだ。

ただ問題は、**それをいつまで続けるのか、**ということである。無理な働き方をいつまで続けるのかわからないと、家族は不安になるだろう。

そこで、「ここまでは死ぬ気で頑張る」「いついつまでは死ぬ気で働く」「それまでは我慢してほしい」というように、家族の了解をとりつけよう。

つまり、家族と目標を共有するのだ。

家族と目標を共有していれば、普段のコミュニケーションも変わってくる。自分が何をいつまでに達成したいのか理解してくれているので、頑張りの背景を共有できるのだ。

それができていないと「なぜ毎日遅くまで帰ってこないの？」「また土日に出勤するの？」など、家族の不満が募っていく。それでは、まっさらな気持ちで自己成長に向かうことができない。

やはり**成長を志すときには、身近な人から応援されたほうがいい。**そのほうが、お互いにとってプラスになる。

むしろ、家族が応援してくれない頑張りは、不幸につながりかねない。相互理解がなされていないため、認識の齟齬を生みやすいためだ。

合意形成と言っても、難しく考える必要はない。端的に、自分の目標を伝えるだけでいい。最終的に、自分の目標を理解してもらえばいいのだ。

いつまで努力するのか見通せない人は、「どこを目指しているのか」を共有するだけでもいいだろう。目指す先がわかっていれば、現状との距離がわかる。その認識は、支えてくれる家族にも持ってもらいたい。

また、別の視点として、家族に宣言できない目標はナンセンスであるとも言えるだろう。たとえば「へそくりを１００万円貯める」といった目標は、家族間不和をもたらしかねない。

大切なのは、家族からも応援してもらえる、健全な目標の設定とその共有なのである。

鬼100則 89

メタ認知し続けろ

自己成長の方法論はたくさんある。大切なのは、それらの中から自分に合ったものを見つけることだ。

結局のところ、自分で自分を向上させられる人が、最も成長する。

「○○先生に教われば」「○○さんの話を聞けば」というように、他人に頼ることも大事なのだが、それだけでなく、自分自身でできる方法論も確立しておこう。

私の場合、それは**「メタ認知」**だ。メタ認知とは、より高い次元から自分を認知することで、必要な学びや経験を得ていく手法だ。「認知の認知」とも呼ばれている。

メタ認知を活用すれば、自分で自分を俯瞰できる。高い視点から自分を見ることによって、成長に必要な気づきを得られるのだ。

メタ認知に限らず、自分なりの方法を持っている人は成長速度が速くなる。外からの働きかけを待つことなく、成長していけるからだ。

とくに社会人は、自分で目標を決めなければならない。

学生時代の延長で考えてしまうと、資格を取得したり、社内で一番になったりなど、わかりやすい指標を求めてしまうものだ。しかし、必ずしもそれだけが成長なのではない。むしろ、**自分が到達したいと考えるゴールを設定し、そこに向かって自分なりの努力ができる人ほど、最短距離の自己成長ができる。**どこに行っても、何をしていても、少しずる前進できるのだ。

自己成長の方法論は、誰かが与えてくれるものではない。いろいろ試しながら、自分に合ったものを取捨選択していく必要がある。大切なのは自分だ。

セルフマネジメントには２つのポイントがある。一つは**自分を知ること、**もう一つは**成長の方法論を持つこと**だ。

自分を知らなければ、自分に合った成長の方法論は見つけられない。自分に合っていないものを使用していても、成長は加速しない。だからまず、自分を知ることだ。どんな症状があるのかわからなければ、薬を処方することはできない。同様に、自分がどんな人間であるのかわからなければ、最適な方法論は見つからない。

自分を知ろう。そして、自分なりの、自己成長の方法論を持つようにしよう。

鬼100則 90

自己開示して離れていく人は追わなくていい

自分をどのように成長させていきたいのか。自分はどのようなキャリア形成をしたいのか。いずれも、個々人の目標があるはずだ。

その目標を達成するには、自分の力にのみ頼るのではなく、仲間をつくるといい。仲間とともに歩み、切磋琢磨することで、目標達成までのスピードが加速していく。自己成長が促されていくのだ。

勉強も同じだろう。個人で勉強する時間も必要だが、**同じ目標を共有する仲間と励まし合うことで、継続しやすくなる。**当然、学びも増えていく。

では、どうやって仲間をつくればいいのか。ポイントは**自己開示**にある。具体的には、**自分が何を目指しているのかをオープンにしていこう。**

たとえば、ブログに自分が目指していることを書いてみる。あるいは、人と会ったときにそれとなく伝えていく。そのようにして少しずつ、自己開示していくのだ。

自己を開示すると、適切な関わり方ができる仲間を引き寄せやすくなる。同じ志を持ち、同じ方向を目指している人と共鳴するためだ。

そのようにして、徐々に仲間を増やしていこう。仲間が増えていけば、さらに成長が促されていくはずだ。

自己開示の基本は言葉である。自分を掘り下げ、何ができていて、何ができていないのかを把握しよう。そして、困っていることを言葉で発信しよう。

言葉で発信することで、他人も認識できるようになる。「あ、この人ここで困っているんだ」とわかり、救いの手を差し伸べやすくなるのだ。

仲間というのは、お互いに支え合う存在だ。相互にサポートできる関係性は、相互の悩みや困りごとがわからなければつくれない。言葉は、そのための情報発信源となる。

また、**自己開示していると、どのような人を仲間にするべきなのかもわかってくる。**継続することで、反応が得られるためだ。

自分を成長させるために、自己開示を続けていこう。そして仲間をつくるのだ。

何に困っているのか、何が弱いのかを開示しなければ、誰も手を差し伸べられない。そのための情報発信を惜しまないようにしよう。

鬼100則 91

積み上げ式の目標を持て

これまで勢いよく自己成長していた人が、急に、やる気を失ってしまうことがある。あるいは、何かの拍子にパフォーマンスが低下してしまうこともある。

その原因は、目標設定の仕方にある。目標設定が正しくできていないと、努力する理由がわからなくなってしまう。調子の良し悪しに左右され、継続性が乏しくなるのだ。

たとえば、私がサポートしているプロ野球選手がいる。彼は、「調子がよければ年間20～30本のホームランが打てる」と言われ続けていたが、実際には、なかなか実現できていない。

そんなとき、私はよく**「将来の目標から逆算しましょう」**と提案する。具体的には、「ずっと野球を続けていくために、将来はコーチや監督になれたらいいですよね」と話すのだ。そうすると、大抵は同意してもらえる。そこで「じゃあ、今のコーチや監督がどのくらいホームランを打っていたのか調べてみましょう」と提案する。

調べてみると、コーチや監督のホームラン数は200本ほどだった。そこで、「現役時代に200本のホームランを目標にしましょう。今のホームラン数が◯本だからあと◯本ですね！」と伝えるわけだ。

このようにして、選手はゴールが明確になる。その結果、モチベーションを下げることなく、目標に向かっていけるようになるのだ。

このときに大事なのは、**目標を明確にし、積み上げ式にすること**。「今シーズン30本打つ！」ではなく、「トータル200本に向けて、現在は◯本積み上がっている」ととらえ直すのだ。

ブログを運営している人であれば、「月間100万PV」などの目標を掲げがちだが、現実はかなり厳しいだろう。そこで、「まずはトータル1000万PVを目指す！」としてみよう。トータルなら、いずれ達成できるはずだ。

年収についても同様である。**「年収1000万円」というハードルは高いが、「生涯年収1億円」はそれほど難しくはない。**要はとらえ方の違いである。

目標設定は、自己成長につながる重要事項だ。モチベーションを下げないよう、工夫していこう。

鬼100則 92

「結果目標」と「行動目標」

目標には2種類ある。**結果ありきの結果目標、結果とは関係ない行動目標**の2つである。

結果目標とは売上や受注に関する目標のこと。お客様が発注してはじめて受注、相手の会社が入金してくれてはじめて売上なので、**自分だけではコントロールできない。**

一方、**行動目標は、自分自身で完結できる目標。**提案件数、アポの件数、企画書の作成数というのは、自らの行動で達成できる。

この2つの違いを認識しよう。とくに行動目標を追いかけることが大切だ。一企業、個人事業主、受験生、アスリートのいずれにおいても同じである。

「以前はすごかったのに、今は見る影もない」「入社当時はすごかったのに、今はパッとしない」そんな人があなたの周りにいないだろうか?

一方で、職場やポジションが変わっても結果を出し続ける人、勝ち続けている人がいる。その差は何によるのか。それは行動目標を立てたかどうかという差なのである。

仕事の結果は、１００％のコントロールは不可能だ。いつでも不確実な要素が存在する。自分が１００％のパフォーマンスを発揮しても、いい結果にならないことが多々ある。裏切らないのは**「行動」**である。行動の指標を持っている人は、結果を出す確率を高め続ける。目先の結果にとらわれず、行動目標を追い続けることだ。

無論、結果は大切だが、結果に一喜一憂すると、手が止まりかねないと心しておこう。結果はあなたに成長実感をもたらす。行動はあなた自身の成長を促す。結果が出たからといって、成長したわけではない。成長実感を得られるだけなのである。

例えばダイエットの場合。表示された数字は結果である。それによって成功・失敗の実感を得られる。「また頑張ろう」「もっと頑張ろう」と思える。ただし、結果を出すための行動がない限り自身の成長は実現できない。自分が進歩しない。

ビジネススキルも同様。**結果が出たから成長したのではなく、成長したから結果が出たのだ。**この順番を間違えると、スランプに陥りやすい。結果というのは、見る人によっても「成功」の定義が違う。たまたま得られた結果を「成功」ととらえていると、中長期の目標に対する努力を怠ってしまう。「昔はすごかったけど、今は普通になってしまった人」になりかねない。昔得られた結果は、未来の自分からすると「成功」ではないのである。

鬼100則 93

「定量目標」と「定性目標」

定量目標とは数字の目標、定性目標とは言葉による目標のこと。この2つはセットで立てる。バラバラに立てるものではない。

たとえば「自社商品を○○万円分売る」というのは定量目標。これに加えて定性目標を立てるなら「社員が自社に誇りを持てる業績をつくる」などが考えられる。仮に定量目標が達成されても定性目標達成のために、何かできることはないかと考え、「新しい商品をつくってみよう」と新たなアクションが生まれる可能性がある。

仮に定量目標だけしか立てていなかった場合、数字を達成したら、ひと段落し、次への仕込みを怠ってしまう可能性がある。

一方、定性目標だけだと「社員が自社に誇りを持てる業績をつくる」という目標に対し、「あ、私はもうすでに誇りを持っていますので、これ以上は求めません」となりかねない。

その他、定性・定量目標のセットの例も示しておく。

「定性目標：○○の営業といえば自分と認識される　定量目標：個人売上１億円をつくる」
「定性目標：親孝行したい　定量目標：年１回以上、親を旅行に連れていく」
「定性目標：ビジネス基礎力を高めたい　定量目標：読書の感想を１００ツイートする」

このように必ずしも「定量目標」からはじめなくてもいい。定性目標：言葉の目標から、それを数字に落とし込む作業も重要。

定量目標は、数字を高めに設定することがコツである。「達成経験が重要」という意見もあるだろうが、達成よりも実態が成長したかどうかのほうが大事だからである。達成経験を味わいたいのであれば前述の「行動目標」の達成にフォーカスすることを推奨する。

定性目標は、達成の有無を計測可能な状態に落とし込んで設定することがコツである。「オフィスを大切にしよう」「礼儀正しくあろう」は、それを達成したか否か判断できない。「毎週□曜日に全員で掃除をする」「人とその日はじめて目があったら『おはようございます』と言う」などと、ルールを明確にすることで守れるようになるのである。

迷ったら定量目標だけで大丈夫。ただし、目標の上位概念、目的と一致させておこう。目標を達成しても、目的を達成できていなければ、目標自体が間違っていた（低かった）ということに気づく必要がある。

鬼100則 94

達成プランは3つつくれ

本気で達成したいなら、目標達成プランは、3つ以上用意しよう。ビジネスの現場では、予期せぬトラブルばかりだ。その都度言い訳していたらきりがない。

「リーマンショックがあったから……」

「東日本大震災があったから……」

「新型コロナウィルスが流行ったから……」

いろいろな社会情勢があるものの、それでも結果を出し続けている人はいる。全員条件は一緒なのだ。

では、3つ以上の達成プランを考える上での切り口を説明する。

1つ目は **「一撃必殺プラン」** だ。一瞬で目標が達成できるプランである。今月の目標が売上1億円だった場合、1社との契約で1億円を達成するというものだ。

しかし、契約できなかった場合、そのリスクヘッジの取引先、あるいは新たな取引先を確保することが２つ目以降のプランである。５０００万円×２社で達成するための商品と取引先を選定するのだ。３つ目も同様に１０００万円×10社を選定し可視化するのである。**対策を講じておくことで目標未達成のリスクは軽減される。**このようにあらかじめ複数の達成プランを可視化しておけば、状況が変わっても柔軟に対応できる。

別の具体例を示す。私は出版物の結果目標として「10万部」という数字を掲げたことがある。プランは「１冊で10万部目指す」「５冊で10万部目指す」「10冊で10万部目指す」だ。ビジネス書で10万部というのは大ヒットと言えるし、狙って出せるものでもない。結果的に２年間で８冊出版し累計10万部を達成することができた。

このとき、私にできたのは、出版点数（作品数）を増やすことである。その中でも、出版するかどうかは出版社が決めるため、コントロールできたのは企画書を書き、出版社への企画提案を続けることであった。

最後に、**達成プランを考える上でのコツは一撃必殺プランを仕込むこと。**これに尽きる。一撃必殺プランの達成は、準備して狙わないとできないからである。最初から積み上げ型で考えると、思考が狭くなる。ラッキーさえもイメージすることをお勧めする。

鬼100則 95

ビジョンなんかなくていい

自分なりのビジョンを持つ人が成果を出していく。ビジョンが高ければ高いほど社会への影響も大きくレベルの高い仲間も集まりやすい。

とはいえ、みんながみんな、すぐに高尚なビジョンを持てるわけではない。

そんなときにお勧めの考え方が**「ガムシャラMAXかワクワクビジョン」**。これは「ビジョンは持たずにガムシャラに頑張るか」「ワクワクするビジョンを持つか」の二者択一を選ぶということだ。

前者の「ガムシャラMAX」とは、ビジョンなどは一旦無視して、目の前のことを一生懸命やることである。「ビジョンが見つからない」と悩むより、自身ができることを増やしたほうが結果的にやりたいことが見つかることは多い。とくに会社やプロジェクトの立ち上げ期などは有効で、自身のキャリア立ち上げ期には、ガムシャラMAXを推奨する。

ただ、会社の寿命の問題や、技術革新のスピードが早くなっている今の時代だからこそ、自分自身の軸を保つため、いずれにしろ、ビジョンを持つことが大切。ビジョンの有無によって、やるべきこと、やらなくていいことが決まってくる。

ビジョンを持つには、まずは真似してみることだ。もし、所属する会社や組織にビジョンがあれば、それを実際に口にしてみる。自分のものとすべく一回飲み込んでみるといいだろう。何度も何度も口にしながら、日々生活してみるのだ。

組織に所属していない人は、尊敬する人のビジョンを真似してみるのもいい。そのビジョン自体、言葉がしっくりくれば、そのまま真似して、自分のビジョンにしてしまえばいい。ビジョンに著作権はない。

自分の口から発言したときに、違和感が出てくることがあるかもしれない。そんなときはその**違和感を言語化してみよう**。そのうえで、自分のオリジナルにアレンジしてみよう。

昔から「言霊《ことだま》」と言われるように、言葉には力がある。言い続けていれば、実現に近づく。掲げるビジョンとのギャップに気づき、チャンスが見えてくる可能性もある。

ビジョンにはプラスのエネルギーがあるので、ビジョンを語れば、それを聞いた人にもいい効果を及ぼす。ビジョンに共感して集まった人は、仕事の内容が変わっても、ビジネスパートナーになりやすい。

自分BSで価値を最大化せよ

企業会計の基本は、BS（貸借対照表）とPL（損益計算書）の2つだ。

BSで資産状況を把握し、PLで自社の売上状況を見る。視点を変えることで、多角的に自社を客観視できるようになる。こうした仕組みは、個人にも応用できる。自分を成長させるために、異なる角度から現状を眺め、やるべきことを見極めていこう。

たとえば**BSに関しては、大きくしていくのが基本**となる。お金という意味での資産もそうだが、〝経験資産〟を増やすことにも注力したい。

自己投資はまさに、経験資産を増やすことにつながる。一時的にお金は減るかもしれないが、経験を買うことによって、経験資産が増えていく。これは、企業が負債を増やして投資にあてるのと同じ発想だ。

自己投資をしない人は、収入の範囲内でしかBSを大きくできない。貯金は貯まっていくかもしれないが、飛躍的に大きくなることはないだろう。

自己成長を目指すなら、会社を大きくしていくときのように、投資を継続することが求められる。

一方で**ＰＬは、年収を増やしていく思考**である。20代の場合、年収を増やしていくことが、仕事を頑張る一つのモチベーションになるだろう。

ただ、社会人生活全体で考えると、重要なのは今の年収だけではないとわかる。場合によっては、転職やジョブチェンジなどで、過去の経歴がリセットされることもあるだろう。そのようなとき、もし過去と同程度の年収が得られないとしたら、それは自分の市場価値が、その水準で評価されているということに他ならない。

市場価値について考えたとき、問題となるのは生み出せる価値の総量だ。そしてそれは、過去の経験と身につけたスキルやノウハウがベースとなる。

自分が生み出せる価値の総量を増やしていくこと。それこそまさに、ＰＬの発想だ。どのくらいの費用（労力）を投下して、どのくらいの価値（売上）を創造できるのか。それが自分ＰＬである。

このようにＢＳとＰＬの考え方は、個人にも応用できる。自己成長やキャリア形成のヒントとして、活用していこう。

褒めた分だけ褒められる

目標を達成したらご褒美がほしい。誰しもそう思う。成功者の多くは、その原動力の活かし方がうまい。自分の本心にストレートに答えているのである。無駄な我慢は不要だ。高い目標を目指す人ほどなおさらだ。頑張る期間が長いと、人は目的を忘れやすくなる。目的を見失わないために、自らの欲求と目的意識をひもづけることは、自らを動かすテクニックの一つである。

中でも**お勧めのご褒美は「人から褒められること」**である。お金やその他の欲求よりも、コミュニケーション報酬（人から褒められること）である。コミュニケーション報酬は、物理的報酬よりも価値が高い。

そのためには、先に自分から人を褒めることである。この原理原則はすべての仕事に共通する。「自分が欲しければ先に人に与えよ」自分が儲けたければ、人を先に儲けさせることなのである。

具体的には、ＳＮＳを使うのがお勧めだ。コミュニケーションコストが低く、習慣化しやすい。ＳＮＳは「いいね」の中毒になり、近年はＳＮＳ離れやデジタルデトックスを提唱する意見も散見される。それはそれで不要な人は離れればいい。

ただ、**ＳＮＳは習慣化させるにはもってこいのツールだ**と私は考える。端的に人に対して「いいね」をしておこう。暇だと思われてもいい。普段からリアルで「いいね」「素晴らしいね」と言える人の数をＳＮＳのフレンド数はゆうに超える。

これを続けていくと、結果的にリアルの場でも褒められる回数は増える。気にかけてくれる人の絶対数は増える。ＳＮＳはコスパのいい接待なのである。**「まずは相手に与える」というわかりやすい動作を続け、自らの姿勢に昇華させよう。**

自分自身が、ビジネスの世界では赤ん坊なのだと思えば、褒められることを欲すること自体、何ら恥ずかしいことではない。むしろ人間の成長の過程で必要なのである。成果を上げると、褒めて承認してもらえる。承認してもらえるから、より高い成果を上げられるのだ。

余計なプライドと成長に必要なガソリンの補給、どちらを優先すべきかは、あなたの判断に委ねる。

モチベーションを上げたければ全力で休め

人間の意志は、長続きしない。

高い成果を上げる人の多くは、意志やモチベーションは持続しないものだと理解しています。その前提からスタートすれば、長続きさせるために必要なことは何かを知り、自分をコントロールする方法がわかる。

ただ現代社会は、SNSによって他人の思惑や出来事が可視化され、いろんなものに目移りしやすい。一つのことに集中することが難しい。知識が増えることによって、気になることも増え、手が止まってしまうことも多いだろう。目標達成のために「気合い入れて頑張ります！」と、自らの意志・モチベーションに頼った結果、達成できなかった経験がないだろうか。

多くの人は、新しい習慣をとり入れることができない。健康のために一人でランニングをはじめたものの、三日坊主でやめてしまった経験は多くの人があるだろう。英会話学習、資格取得なども同様。忙しい毎日の中に「これも頑張ろう」というプラスオン思考は、自分では気付きづらいが、精神的に負担が大きいのである。

プラスオンとは、現在の生活に新しい習慣や努力をプラスすること。前記のランニングや英会話、資格の勉強などが該当する。今の生活で24時間を必死で生きているのに、そこにプラスオンの動作を加えるというのは、そもそも成り立たないのである（※具体的な解決策としては「77」ワンアクションマルチアウトプットで解説）。

ここではモチベーションのコントロール法について言及する。

モチベーションが落ちたときは、休むことをお勧めする。たくさん寝ることだ。そもそも、前記の問いを持っている時点で、元々やる気はあるはず。「やる気が元通りになること＝元気」という考え方があるように、元来やる気がある人は、元に戻す努力が必要だ。人間の持つ自然治癒力は精神的なものにも効能がある。身体など物質的なものだけではない。多くの人は寝たら精神的に多少は回復する。

そもそも、自分のモチベーションが低いという人は、高いと思う人の元に行って引っ張ってもらおう。誘いに乗ろう。指示を仰いで動かしてもらおう。人には同調本能があるので、一緒にいれば、その人のモチベーション部分でも脳が勝手に真似してくれるはずだ。

鬼100則 99

毎週1時間を「自習」にあてよ

そもそも人間は習慣によって規定されており、いわば「習慣の奴隷」と言える。「習慣の奴隷」とは、つまりどのような習慣を持っているかによって、その人が規定されていることを意味する。高い成果を継続的に上げている人は、成果を出すための習慣を持っているのだ。

成功者が意志やモチベーションに頼らないのは、それらが揺れ動きやすく、持続性が低いからだ。

では、どうすれば高い成果を出すための習慣が身につくのだろうか。

まずは**毎週土曜日に1時間、予定を押さえることからはじめよう。**毎週土曜日の1時間、成果を出すために必要な新しい習慣をとり入れるようにする。そこから成果を出す一歩がはじまるわけだ。

しかし、新しい習慣をとり入れる際は「1時間ぐらいなら楽勝だ」などと甘く見てはいけない。1時間であっても、生活の中に新しい習慣をとり入れるのは容易なことではない。もともと人間は変化に弱いということを忘れてはならない。

そこで、**毎週1時間の予定を押さえるために、第三者を積極的に巻き込むのも一つの方法だ。**第三者を巻き込むことによって、習慣化がしやすくなるため、協力してくれそうな人がいれば、声をかけてみるのもいい。二人で勉強会をしようと言ったら、のってくれるかもしれない。

ただ、なかにはその土曜日1時間の予定が組みづらい人もいるだろう。

そんな人は帰り道にカフェに寄る習慣をつくろう。**日々の振り返りの習慣を場所とともにつくる**わけだ。

もちろん、夜眠れなくなるため、コーヒーや紅茶によるカフェイン摂取はほどほどに気をつける必要はあるが、振り返りの習慣は今後のあなたにとって有意義な時間になる。ぜひ習慣化してほしい。

「今日は疲れてるから」を少しだけ我慢し、ノートと向き合うことで、自分で自分の人生をコントロールできるようになる。

頑張らずに続けろ

無理をして頑張っても長続きしない。それは意志やモチベーションと同様だ。無理に頑張るのではなく、頑張らなくても続けられる自分流の方法を見つけよう。

たとえば「毎日ブログを書く」という目標を設定した場合、忙しい日々の中でブログを書く時間を捻出するのは大変だ。忙しいことを言い訳にして書かない日が続くと、どこかの段階で断念してしまう。

そこで、自らの習慣の中に「ブログを書く」ことを埋め込む。私は「風呂に入っている間はブログを書く」と決めて実践している。こうして、日々の習慣の中に新しい習慣をとり入れていけば、無理なく続けられるので、お勧めする。

仕事でいい結果を出すためにはじめたことが、なかなか続かないという人も少なくない。いい習慣を身につけたいのなら、**いつも行っている動作の中に混ぜられないか、試してみよう。**そういう人は頑張らないとダメだとか、難しく考えすぎているように思う。

実は、**日々の努力を習慣化できている人は、自分が頑張っているとは感じないもの。**むしろやることが当たり前になっているから、なんとも思わないのだ。

人間は「習慣の動物」であるとともに**「環境に左右される生き物」**。環境を整えておかなければ、習慣もまた定着しない。

新しい習慣を取り入れようとすれば、結果的に頑張らざるを得ない。そうなると、頑張っているうちは続くが、いずれどこかの段階で息切れする。

そもそも頑張るというのは、短期的な目標を達成するための手段であり、スポーツ選手における痛み止めのようなもの。

「燃え尽き症候群」という言葉があるように、短期的な頑張りに支えられている人は、どこかのタイミングで必ず燃え尽きてしまう恐れがある。会社であれば、上場した途端に、それまでの勢いをなくしてしまうケースが見受けられる。人も会社も一時期の頑張りだけに期待するのは非常に危険だ。

では、どのようにすれば継続できるのか。ポイントは、頑張らずに続けられる環境を固めることにある。どんなにレベルの高い習慣も、続かなければ意味がない。継続のために環境に着目してみる。

●知っていることとできること

元メジャーリーガーのイチローさんは小学生の頃、毎日バッティングセンターに通っていたという話は有名だ。

「将来の夢はプロ野球選手」だった小学生の頃の私は、それを知ったとき、「ふーん、すごいな」と感心したものだ。

一方、野球仲間の友だちは、その話を聞いてから、毎日欠かさずバッティングセンターに通うようになった。

それから10年後、高校を卒業するとき、私はプロ野球の世界をあきらめたが、彼はプロ野球選手になった。

私は「知っていたけど、やらなかった」ことを後悔した。「知る」と「できる」には大きな違いがあると気づいたが、もう後の祭りである。

高3の夏以降、「知った瞬間にやる」ことを心に決めた。

それから10年経ち、私はビジネスの世界で、成果を出せるようになっていた。

まえがきにも書いたが、新卒で入社したサイバーエージェントで苦しみながらも、結果を出し続けることができた。その後、独立して社長となり、複数の会社の経営にも携わり、M&Aの実施や大学院での講師も務め、本も出せるようになった。


今、自分の半生を振り返ってみて、一つの真理をつかんだ気がする。

「知っていてやらない人」が多い中、「知った瞬間やる人」になるだけで、これだけの成果を出せる、ということだ。

プロ野球選手になった「友だち」とは、今や中日ドラゴンズの選手会長・福田永将《のぶまさ》選手のこと。

●準備一生、勝負一瞬

成果が出るのは本当に一瞬。

そこに地道な努力は欠かせない。努力とは成果を出すための準備のことを言う。「いつ成果を出すか」を考え、そのゴールから逆算した準備であるべきである。

また、成果が出なければ、人は頑張り続けられない面もある。精神的に追い込まれかねないため、精神もケアするべきだろう。

そこで、本書では1年間を一つの目安として提案している。1年間は自分の人生を変えるのに十分な時間である。


成果は狙って出すもの。「何を」と「いつ」はセットで考えるのがポイントだ。

変化の激しい今の時代、ただ待っているだけでは、思うような成果は得られない。

狙い通り、あるいはそれ以上の成果が出ると、頑張ることがより楽しく面白くなってくる。やればやるほど成果が出るようになるだろう。

そんな人に次々と仕事が舞い込む。「いい話」はできる人のところに集まってくるものだ。

仕事が人生のすべてではないが、仕事で成果を出せる人は、私生活もコントロールできるようになる。成果はすべてを潤してくれる。


最後になったが、このようなアグレッシブな企画を委ねてくださった、古川創一さんに感謝の意を述べたい。

本書との出会いが、あなたにとって、主体的に自分らしいキャリアをつくるきっかけとなれば著者としてこれ以上の喜びはない。

福山 敦士

■著者略歴
福山　敦士（ふくやま　あつし）
経営者／キャリア教育研究家

新卒でサイバーエージェントに入社、グループ会社の起ち上げに従事。
独自の「自己成長法（YKK 理論）」を構築、「1ヶ月 100 件アポ」メソッドを開発し、自ら実践、セールス記録を更新する。25 歳でグループ会社の取締役に就任。
27 歳で独立、株式会社レーザービームを創業。複数事業、企業を立ち上げ、それぞれ売却。30 歳までに 3 度の M&A を実現。株式会社ショーケース（東証一部上場）29 歳で執行役員、30 歳で取締役に最年少で就任。2020 年から株式会社オープンハウス 社長室。
「学問をつくる」活動の一環として 2018 年から事業構想大学院／代々木ゼミナールにて講座開発を務める。
学生時代は野球一筋 16 年。甲子園ベスト 8。著書多数、累計 10 万部超。

本書の内容に関するお問い合わせは弊社HPからお願いいたします。

仕事《しごと》の鬼《おに》 100 則《そく》

2020 年　4 月　19 日　初版発行

著　者　福《ふく》山《やま》敦《あつ》士《し》
発行者　石野栄一

明日香出版社
〒112-0005 東京都文京区水道 2-11-5
電話 (03) 5395-7650（代 表）
(03) 5395-7654（FAX）
郵便振替 00150-6-183481
http://www.asuka-g.co.jp

■スタッフ■　編集　小林勝／久松圭祐／古川創一／藤田知子／田中裕也
営業　渡辺久夫／浜田充弘／奥本達哉／横尾一樹／関山美保子／藤本さやか　財務　早川朋子

印刷　株式会社文昇堂
製本　根本製本株式会社
ISBN 978-4-7569-2084-3 C0036

編集担当　古川創一

「すぐやる」思考法

塚本　亮

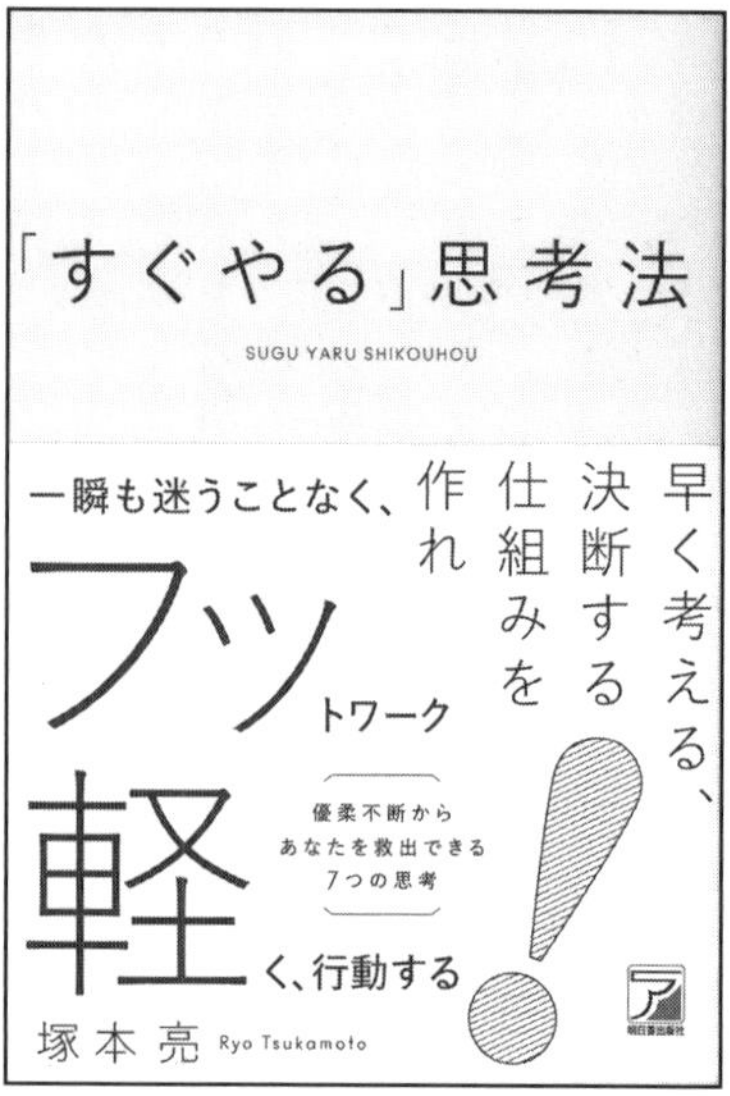

本体 1400 円＋税　B6 並製　248 ページ

ISBN978-4-7569-2069-0　2020/01 発行

すぐに行動に移せるのは、「思考」の軸を持っているから。

すぐやる人はできる･できないで判断せず、やると決めたら「どうやるか」をいくつかの視点であてはめ、考えていく。

主に 7 つの思考の軸の紹介と、各々どう身につけていくかを解説する。

「段取りが良い人」と「段取りが悪い人」の習慣

鈴木　真理子

本体 1400 円＋税　B6 並製　240 ページ
ISBN978-4-7569-2056-0　2019/11 発行

「段取り力」さえ身につければ、仕事が遅れず、計画通りに終わらせることができ、焦ることもありません。周りからの信頼を得ることができ、プライベートの時間も取れるようになるのです。

ミスなくテキパキと仕事を進める具体的な方法と習慣を 50 項目でまとめました。

強いチームをつくる！　リーダーの心得

伊庭　正康

本体 1400 円＋税　B6 並製　264 ページ
ISBN978-4-7569-1691-4　2014/04 発行

リーダーは資質ではなく姿勢・コツがものを言うというスタンスを実例をあげながら紹介する。

コミュニケーションの取り方、チームビルディング、目標設定＆実行など、具体的にとるべき行動とそのコツを実体験を交えつつやさしく解説。